신념의 심리학

BELIEF PSYCHOLOGY

이훈구 지음

학지사

● ● ● 책을 펴내는 이유

    신념은 우리의 일생을 좌우하는 나침반과 같다. 그러나 사람들은 자신의 신념이 무엇인지, 그것이 올바르고 믿을 만한지, 합리적 또는 과학적인지, 그것이 어떻게 형성되고 어떻게 유지되는지를 곰곰이 따져 보지 않는다. 그러면서도 우리는 자신의 신념을 확신하고 고집스럽게 그에 따라 행동한다. 순교자의 신념이 그 대표적인 예다. 순교자는 자신의 종교적 신념에 따라 행동하고 그 신념을 위해 목숨 바치기를 마다하지 않는다.

    올바른 신념을 확립한 사람은 인생행로에서 나침반을 가진 사람이다. 나침반은 항상 정확한 위도를 가르쳐 주기 때문에 우리는 가고자 하는 항구를 바로 찾을 수 있다. 반대로 올바른 신념을 갖지 못한 사람, 즉 나침반이 없는 사람은 바람에 흔들리는 대로 또는 주관적 판단에 따라

항해한다. 그러다 목표로 삼은 항구를 찾지 못하고 망망대해에서 표류하고 만다.

이 책에서는 신념이 무엇이며 어떻게 형성되고 발달하고 유지되는지를 살펴본 다음, 올바른 신념이란 무엇이고 그것을 가리는 방법은 무엇인지, 그리고 신념을 효과적으로 바꾸는 방법은 무엇인지를 알아볼 것이다.

이 책은 지금까지 사회심리학에서 밝힌 이론, 실험 결과 등을 토대로 한 것으로, 일반 도덕론자나 논객들의 근거 없는 이야기가 아니다.

끝으로 이 책은 일반인을 그 대상으로 삼고 있기에 어렵게 쓰지 않고 쉽게 풀어 설명하였다.

2007년 이훈구

CONTENTS / 신념의 심리학

울바른 신념을 확립한 사람은 인생행로에서 나침반을 가진 사람이다.

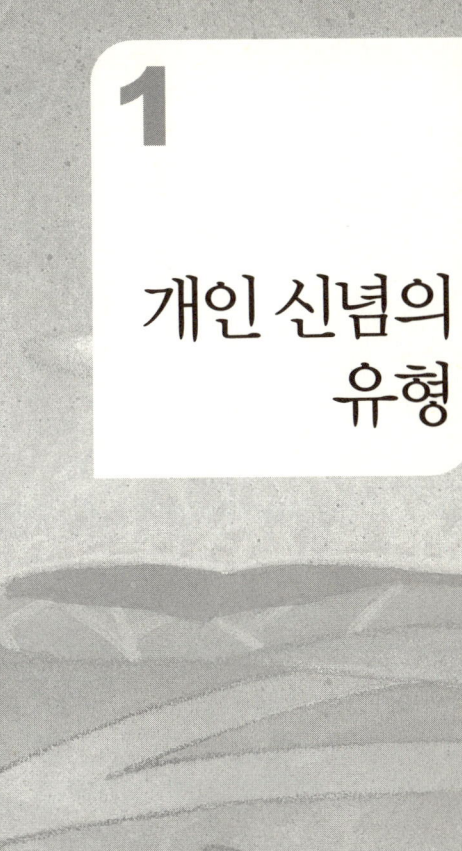

1

개인 신념의 유형

1

개인 신념의 유형

대처리즘

신념이 무엇인가를 설명하는 것은 쉽지 않다. 내가 복잡하게 이야기를 시작해서 독자들이 이 책을 들자마자 던져 버리게 만들 생각은 추호도 없다. 제일 좋은 방법은 먼저 좋은 예를 많이 들어 보는 것이고 나중에 그것을 정리해 보는 것이다.

첫 번째 예는 대처리즘이다. 대처리즘이란 영국의 첫 번

마가렛 대처

째 여수상인 마가렛 대처(Thatcher, M. H.)의 정치경제적
신념을 말하는 것이다. 영국은 제2차 세계대전 이후 노동
당의 집권으로 국가가 사회주의에 빠지고 그 결과 국영기
업의 저생산성, 강성 노조의 파업 등으로 나라가 극심한
정체에 빠졌다. 그때 대처는 영국을 구하는 유일한 방법
은 자유시장경제를 도입하는 것이라 판단하고 이를 실천
하여 경제를 되살리는 데 성공했다.

오늘날 후세대는 영국 역사상 가장 유명한 수상인 처칠
의 반열에 그녀를 추대하는 데 주저하지 않는다. 그리고
대처의 정치적 신념을 감히 대처리즘이라고까지 칭송한
다. 여기서는 그녀가 어떻게 대처리즘을 구축하게 되었는
가를 살펴보고자 한다.

개인의 정치적 신념은 하루아침에 형성되는 것이 아니다. 태어난 가정환경, 부모에게서 받은 훈육, 학교교육, 사회적 경험 등이 개인 신념의 토대가 된다. 이제 대처리즘을 형성하게 만든 그녀의 생애와 생활사를 살펴보기로 한다.

마가렛 대처는 하층 중류계급인 아버지 알프레드 로버츠와 어머니 베아드리스의 둘째 딸로 1925년 영국 중부지방의 작은 마을 그랜덤에서 태어났다. 아버지는 웨일스 출신으로 구두수선공 가정의 7남매 중 장남이었다. 그는 교사직을 원했지만 가정 형편 때문에 12세에 중학교를 중퇴하고 가족을 위해 잡화점에서 일했다. 결혼한 후 그는 더욱 열심히 일하여 가게의 주인이 되었고 그 마을의 시장으로 선출되었다.

마가렛 가족은 성공회 신도로 엄격한 신앙생활을 했다. 주일에는 온 가족이 교회에서 살다시피 했다. 아버지는 교회에서 설교를 맡아 했고 동네 사람들과 즐거이 정치에 관해 토론하였다. 그는 딸에게 항상 '첫째는 일, 둘째는 교회, 셋째는 정치' 라는 생활철학을 심어 주었다.[1]

마가렛은 초등학교 때부터 공부를 썩 잘하였다. 그리고 아버지의 열렬한 후원으로 일류 대학인 옥스퍼드 대학에

진학하였다. 학비의 일부는 장학금으로 충당했지만 나머지는 그녀가 다녔던 고등학교에서 교사로 일해 보탰다. 대학 재학 시절부터 그녀는 보수당을 지지했고 학생회 회장에도 뽑혔다.

1949년 마가렛은 24세의 나이로 국회의원에 출마하였다. 비록 낙선했지만 그녀는 보수당이 뽑은 최연소 국회의원 입후보자였다. 그녀는 보수당 당대회에서 만난 데니스 대처와 1952년 결혼하였다.

옥스퍼드 대학을 졸업한 후 마가렛은 화학 전공자에서 법률가로 변모하였다. 그녀가 법률가가 되기로 결심한 데에는 그녀 아버지의 영향이 컸다. 마가렛의 아버지는 마을의 시장이 되어서 간이 순회재판소가 열릴 때마다 판사석에 앉았다. 마가렛이 16세가 되어 방청권을 얻게 되자, 그녀는 아버지를 따라 재판소에 들락거렸고 변호사라는 직업에 관심을 갖게 되었다.

마가렛이 옥스퍼드 대학에서 화학을 전공했던 이유는 단지 화학을 전공하는 조건으로 장학금을 받았기 때문이다. 그녀는 변호사 공부를 위한 학자금을 마련하기 위해서 플라스틱 회사에서도 일했다.

마가렛은 엄청난 에너지의 소유자였다. 임신을 하고도

직장일과 변호사 공부를 밤낮으로 계속하였다. 그리고 쌍둥이를 낳았는데 아이를 돌보면서도 피나는 노력 끝에 공부를 시작한 지 2년 안에 변호사 자격증을 땄다. 그녀는 변호사 개업을 한 후 다섯 번째의 도전 끝에 1959년 국회의원이 되었다. 24세 때 첫 출마하여 10년 만인 34세 때 드디어 하원의원에 당선된 것이다.

국회에 입성한 후 마가렛은 통계치를 열거하는 논리적 연설로 국회의 이목을 집중시켰다. 그 후로 그녀는 출세가도를 달렸다. 국회의원 2년 만에 보수당 맥밀런 수상으로부터 연금 관련 정무차관에 임명되었고, 히스 수상 시절에는 주택공사장관, 연금장관이, 그리고 이어 재무장관, 연료전력장관, 교육장관이 되었다.

1975년에는 보수당 당수로 선출되었다. 당수로서 마가렛은 노조의 파업을 강력히 규탄하고 국영기업의 민영화, 감세 정책을 주장하여 경제를 활성화하고자 노력했다. 이러한 노력은 영국 국민의 절대적인 지지를 받아, 마가렛 대처가 이끄는 보수당이 노동당을 압도적으로 이겨 1979년 대처는 영국 최초의 여수상이 되었다.

대처는 1979년부터 1990년까지 11년 반 동안 수상직을 세 번 역임하였다. 그녀가 펼친 정책 덕에 영국의 경제는

회생했으며, 그녀의 정책은 '대처리즘'이라고까지 불리는 영광을 얻었다. 대처리즘의 주요 골자는 다음 세 가지로 요약될 수 있다.[2]

첫째, 감세를 통해 기업의 의욕을 높였다. 둘째, 노조의 불법 파업으로 사회 기강이 많이 해이해지고 운송, 철도, 우편 노조는 물론 환경미화원도 파업을 해 길거리에 쓰레기가 난무하고 법과 질서가 문란해졌는데 이를 바로잡았다. 셋째, 땀 흘려 일해야 한다는 의식을 고취시켰다. 영국에서는 그간 노동당의 복지정책으로 일하지 않고 국가로부터 생계비를 타 생활하는 사람이 부쩍 늘었다. 대처 수상은 일하지 않는 사람은 먹을 수 없다는 신교도주의를 역설했다. 그리고 그녀는 20개의 공기업을 민영화했다. 이로써 많은 조세수입을 올려 적자투성이인 정부의 재정을 풍족하게 했다.

이상으로 마가렛 대처의 출생, 성장 과정, 교육, 직장생활 및 정치적 경력을 살펴보았다. 그리고 보수당에 입당하여 지속적으로 주장해 온 자유시장경제, 즉 대처리즘의 내용을 요약해 보았다. 대처리즘은 크게 보아 대처의 정치경제적 신념이다. 그러나 대처리즘은 단순한 정치경제적 신념이 아니다. 그 신념의 밑바닥에는 하나의 중요한 가치관, 즉 열심히 일하는 사람만이 먹을 수 있다는 생활 신조가 깔려 있다.

열심히 일해야 한다는 대처의 생활신조는 그녀의 부모에게서 영향을 받은 것이다. 그녀의 부모는 하류 중산층으로 근면, 절약하여 차근차근 부를 쌓아나간 사람들이다. 성공회 신도로서의 생활방식도 대처리즘의 형성에 한몫을 했다. 그리고 그녀는 교회에서 봉사와 이웃사랑을 배웠고 청빈의 가치관을 익혔다.

대처의 정치적 신념은 보수주의다. 개인이 지닌 정치적 신념은 사회경제적 수준과 밀접한 관계를 갖고 있다. 흔히 하류층은 진보주의를, 중류층과 상류층은 보수주의를 택한다. 일반적으로 보수주의는 현재 상태를 그대로 유지하려는 반면, 진보주의는 현 상태를 개혁하려 한다. 중류층이 대개 보수적인 까닭은 현재의 자기 생활에 만족하기 때문이다. 그러나 하류층은 그렇지 못하기에 개혁을 요구한다.

대처는 수상이 되기 전부터 보수주의였고 보수당 당원이었지만 개혁을 부르짖었다. 그 이유는 노동당이 장기 집권하고 사회보장제도를 도입하여 경제가 몰락한 것에 크게 실망했기 때문이다. 영국은 산업혁명을 일으켰지만 제2차 세계대전 후 사회주의 노선을 채택해 선진국의 대열에서 이탈하였다. 1970년대까지 노동당이 기존의 경제 정책을 그대로 고수하려 한 반면에 보수당은 이를 개혁해야 한다는, 즉 사회주의에서 자유시장경제로 탈바꿈해야 한다는 개혁론을 끊임없이 주장하였다. 그리고 대처 정부의 이러한 정치경제적 신념은 큰 성과를 거두었다. EU에서 최하위 경제성장률을 보였던 영국이 급격한 경제성장률을 기록하여 세계를 깜짝 놀라게 한 것이다.

대처리즘, 더 좁혀서 대처의 정치경제 정책은 일종의 정치적 신념이다. 정치적 신념은 아주 중요하다. 개인적 측면에서 중요할 뿐 아니라 국가적 측면에서 봐도 그렇다. 우선 우리가 어떤 정치적 신념을 갖느냐에 따라 우리의 정치적 태도가 달라지고 우리가 뽑는 정치가가 달라진다. 정당과 정치가들은 자신의 정치경제적 신념을 밝히기 마련이다. 그러면 유권자는 자기와 정치적 신념이 맞는 정치가에게 표를 몰아준다.

만일 우리나라가 경제적으로 더 발전하려면 어느 정당의 정치경제 정책이 알맞는지 따져 보아야 한다. A당은 복지정책, 복지제도를 강조하고 평등(equality)을 중요시한다. 반면, B당은 자유시장경제를 강조하고 형평(equity)을 역설한다. 그런데 우리의 현 상태가 영국의 1970년대 전후와 비슷하다면 우리는 복지정책보다는 자유시장경제를 채택해야 한다. 따라서 우리가 갖고 있는 정치경제적 신념은 우리 자신은 물론 국가의 운명을 좌우하는 결정적인 역할을 한다.

이제 여러분은 간략하게나마 신념, 특히 정치경제적 신념이란 무엇인가를 이해할 수 있게 되었다. 그리고 이런 신념은 개인이 책이나 교육을 통해서도 습득할 수 있지만 대부분 그가 처한 환경, 자라온 배경 그리고 실생활을 통해 천천히 형성된다는 것을 알게 되었다. 신념, 특히 정치경제적 신념이란 개인이 지금까지 살아오면서 체득하고 납득한 생활신조와 같은 것이다.

마가렛 대처(Thatcher, M. H.)가 자유시장경제를 부르짖게 된 것은 그녀의 가족들처럼 열심히 일하고 벌어서 사는 삶이 훌륭한 삶이라는 것을 깨달았기 때문이다. 옥스퍼드 대학 학비를 벌고자 아르바이트를 하고 변호사 공부를 위해 플라스틱 회사에서 주경야독한 대처의 인생관과 가치관이 바로 자유시장경제를 신봉하는 토대가 되었다. 마가렛은 선거 유세에서 "1페니도 하늘에서 그냥 떨어지지 않는다. 스스로 벌지 않으면 얻을 수 없다."라는 말을 즐겨 썼다.[3]

만일 마가렛이 경제가 침체하는데도 봉급 인상을 위해 파업을 하는 가정에서 태어났거나 스스로가 그런 류의 근로자였다면 그녀는 절대 자유시장경제를 주장하지 않았을 것이다. '무조건 국가로부터 지원을 받을 생각을 해서는 안 된다.'고 외치지 않았을 것이다. 그녀 자신이 노동의 중요성, 노동의 대가를 중요하게 여겼기 때문에 노동당의 정강과 정책을 지지할 수 없었던 것이다. 그녀의 넘쳐나는 에너지, 높은 성취 의욕도 스스로 열심히 일해야 한다는 대처리즘의 형성에 큰 영향을 주었을 것이다.

정리한다면 신념, 특히 정치경제적 신념의 형성에는 개인의 사회경제적 지위, 성장 환경, 교육, 직업 경험은 물론 그의 성격, 태도가 상당한 영향을 준다. 대처가 상류층의 자제가 다니는 옥스퍼드 대학에서 공부한 것과 상류층인 데니스 대처와 결혼한 것도 그녀의 대처리즘 형성에 큰 영향을 주었을 것이다.

이제 여러분은 신념이 우리의 중요한 행동을 결정짓는다는 것을 알게 되었다. 그러나 아직은 신념이 무엇인지 잘 모를 것이다. 그것은 당연하다. 신념에는 정치경제적 신념만 있는 것이 아니기 때문이다. 자, 이제 다른 종류의 신념을 살펴보기 위해 새로운 탐험에 나서자.

자신의 신념

앞에서는 비교적 쉬운 신념인 정치경제적 신념을 다루었다. 정치경제적 신념은 자유시장주의든 사회주의든 또는 좌익이든 우익이든 그 신념의 내용이 뚜렷하고 그것을 우리가 잘 의식하고 있다. 어떤 사람은 "나는 보수주의자이고 우익이다."라고 말하고, 어떤 사람은 "나는 사회주의자이며 좌익이다."라고 말한다. 이런 사람들은 나라의 정치적 정체(identity)와 경제정책이 어떤 방향으로 나아가야 하는지를 잘 알고 있다. 그래서 자신이 보수주의 또는 급진주의자라고 입장을 밝힌다.

이런 점에서 정치경제적 신념과 앞에서 예를 든 대처리즘은 독자가 이해하기 쉽다. 물론 그런 신념이 어떻게 형성되는가를 이해하는 것은 쉽지 않지만 그 신념은 개념이 분명하기 때문에 우리가 알기 쉽다.

그와 다르게 이 장에서는 좀 어려운 신념을 이야기하고자 한다. 그중의 하나는 자기 자신에 대한 신념이다. 이 신념은 정치경제적 신념에 비하면 아주 추상적이고 심리학적이며 우리가 분명히 의식하고 있지도 않은 것이다.

그리고 이 개념은 앞의 정치경제적 신념과는 달리 포괄적이고 광범위하다. 그러면서도 이 역시 우리의 중요한 의사 결정은 물론 우리의 일상생활에 많은 영향을 끼친다.

먼저 이야기를 쉽게 풀어나가기 위해 한 예를 들어 보기로 하자. 약 5년 전부터 한국에서 로또가 불티나게 팔리고 있다. 로또는 과거의 주택복권과는 그 판매방식이 다르다. 주택복권의 번호는 미리 인쇄되어 있지만 로또는 그 번호를 자기가 써넣는다. 이 두 가지 판매방식의 효과는 일반인이 보기에 별 차이가 없는 것 같지만 그렇지 않다. 그래서 복권 판매에 큰 혁명을 초래한다. 한마디로 로또는 엄청나게 많이 팔린다. 왜 그런가? 그것은 우리가 자신의 통제력을 과신하기 때문이다. 즉, 자기가 선택한 로또

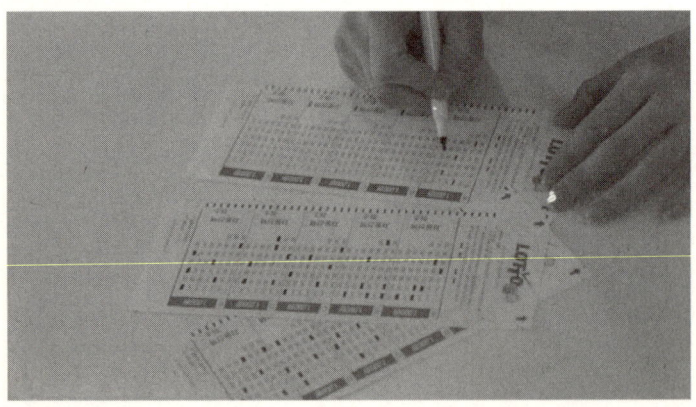

의 당첨률을 높게 보는 착각에 빠지기 때문이다.

한 심리학자가 통제력 환상에 관한 재미있는 실험을 했다. 그는 학생들에게 1불짜리 복권을 나누어 주었는데, 한 집단에게는 그가 복권을 골라 나누어 주었고 다른 집단에게는 학생들이 스스로 복권을 골라 갖게 했다. 그리고 학생들에게 그 복권을 되팔라고 하면서 그것을 얼마에 팔 것인지를 물었다. 그 결과 재미있는 현상이 나타났다. 실험자가 골라 준 복권을 되팔겠다는 학생은 1불을 그대로 매긴 반면, 자기가 골라 잡은 복권을 되팔겠다는 학생은 1불 50센트를 매겼다.

왜 자기가 고른 복권은 값을 더 높게 불렀을까? 그것은 자기가 뽑은 복권은 당첨될 확률이 높다고 보기 때문이다. 즉, 자기가 복권 당첨에 영향력을 발휘할 수 있다는 환상을 가졌기 때문이다. 이것이 바로 통제력 환상이다.

자기가 통제력을 갖고 있다는 환상은 여러 가지 부작용을 초래한다. 로또, 주식투자에 과잉 기대를 갖게 만든다. 노처녀가 자신이 개과천선시킬 수 있다며 별 볼일 없는 깡패와 결혼하는 것도 일종의 통제력 환상이다. 깡패가 제 버릇 남 주기가 쉽지 않기 때문이다.

한편으로 어떤 점에서 통제력 환상은 우리에게 유익하

다. 심리학자 로터(Rotter, J. B.)는 개인의 통제력 환상에 따라 사람을 두 종류로 분류한다. 하나는 통제력 환상이 높은 사람으로 이들을 그는 내적 통제자(internal controller)라고 부른다. 내적 통제자와 정반대되는 사람은 외적 통제자(external controller)다. 내적 통제자는 자기의 운명은 자기 하기 나름이라고 믿는다. 반대로 외적 통제자는 운명은 하늘이 정한다고 생각한다.

외적 통제자는 사람의 운명, 출세는 하늘의 뜻 또는 운이라고 생각한다. 그래서 이런 사람은 노력을 하기보다 굿을 하거나 점을 본다. 반면, 내적 통제자는 자신의 성공은 자신이 하기에 달려 있다고 믿기 때문에 열심히 공부하고 일한다.

위의 두 가지 예를 통해 우리는 통제력 환상이 자신의 통제력을 너무 확장한 나머지 당첨 확률이 제로에 가까운 로또에까지 자신감을 갖는 정도가 아니라면 우리에게 필요한 신념이라는 것을 알 수 있다. 그러므로 우리는 외적 통제자가 되기보다는 내적 통제자가 되어 열심히 공부하고 일에 전력투구해야 한다.

최근에는 사회심리학에서 자아개념에 관한 연구가 활발하다. 자아개념이란 우리가 자신을 어떻게 바라보는가를 말한다. 여러 가지 자아개념 중 특히 자기효능감(self-efficacy)에 관한 연구가 활발한데, 이 역시 자신에 대한 신념으로 자신의 능력에 대한 믿음과 평가를 말한다.[4] 자기효능감이 높은 사람은 자기가 능력이 있고 쓸모가 있다고 믿는다.

　자기효능감이 높은 사람은 어려운 과제에도 적극적으로 도전한다. 말하자면 의욕이 높다. 그래서 남보다 일 저지르기를 잘하고 또 곧잘 성공한다. 나는 『당신의 행복을 설계해 드립니다』[5]라는 책에서 늘그막에 새로운 화가의 길을 택한 친구 장흥래에 관해 이야기한 적이 있다. 이 친구는 자기효능감이 아주 높은 친구다. 이에 여기서는 자기효능감을 놓고 그에 대한 후속 이야기를 펼쳐 볼까 한다.

　이 친구가 60세를 훌쩍 넘긴 시기에 러시아의 페테르부르크로 화가 수업차 유학을 떠났다는 것은 나의 이전 책에서 이미 언급한 바 있다. 그런데 사실 그는 좀 치기가 있다. 그래서 유학을 다녀와서도 앞으로 자기가 10년 또는 20년 후에는 한국의 내로라하는 화가가 되어 있을 것이라고 호언장담을 했다. 나를 포함한 친구 모두는 그가 자신만만하고 적극적이라는 것은 인정하지만 과연 그가 정말 내로라하는 화가가 될 것인가에 관해서는 반신반의할 수밖에 없었다. 우리의 화단은 능력도 중요하지만 인맥, 돈맥이 작용한다는 소문을 들었기 때문이다. 그런데 그는 서울에서 미술대학을 나온 것도 아니고 돈이 있는 것도 아니다. 심지어 그가 미술에 정진한 것은 불과 3~4년 남짓하다. 그런 그가 어떻게 두터운 한국 화단을 뚫고 인정받는 화가가 될 수 있을 것인가? 너무 돈키호테식이 아닌가 하고 걱정했다. 우리의 우려대로 그는 재작년 국선에 출품했지만 낙선하고야 말았다.

그러던 작년 12월 11일 나는 그에게서 뜻밖의 전화를 받았다. 이번 국전에 입선했다는 그의 흥분된 목소리가 전화기를 통해 찌렁찌렁 울려왔다. 내가 그것이 혹 동호인의 미술전인가 의심하고 "너 정말 국선에 입선한 거야?" 하고 물었더니 그렇다는 것이다. 정말 놀랍고 대견했다. 그래서 친구들을 급히 소집해 질펀하게 술판을 벌였다. 그리고 그의 입선을 진심으로 축하해 주었다. 그의 효능감이 결국 일을 저지른 것이다. 한국 화단에서 무명인 이 친구가 어려운 관문을 두 번 만에 통과했다는 것은 기적이 아닐 수 없다. 위의 그림이 나의 친구 장흥래가 2006년 국선에 입선한 작품이다. 작품명은 '몰입'인데 우리가 높은 자기효능감을 가져야만 일에 몰두할 수 있기 때문에

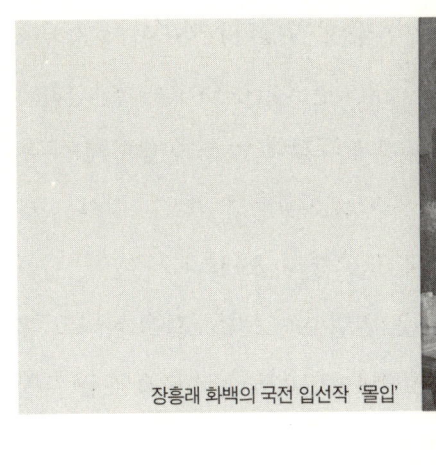

장흥래 화백의 국전 입선작 '몰입'

그것은 그의 높은 효능감을 반영한 아주 적당한 제목이
아닐 수 없다.

우리는 어떤 일을 시작할 때 그 일에 성공할 수 있다고
생각해야 그 일에 매달린다. 따라서 자기효능감은 우리로
하여금 일에 착수하고 그에 정진하게 만드는 촉진제 역할
을 한다. 우리가 일에 몰두하는 이유는 재미 때문이기도
하지만 그보다 그 일을 완수할 수 있다는 자기효능감이
있기 때문이다.

이렇게 자기효능감은 우리의 지능보다 더 중요하다. 이
번 아시안게임 수영 부문에서 금메달을 딴 박태환이나 세
계피겨선수권 대회에서 3위를 한 김연아도 자기효능감이
높았기 때문에 위업을 달성할 수 있었다.

그러면 자기효능감은 어떻게 발달하는가? 아마 자기효능감은 지능처럼 타고난 능력은 아닐 것이다. 한 심리학자가 실험실에서 피험자에게 똑같은 일을 수행하게 한 후 한 집단에게는 그 일에서 남보다 더 잘했다고 평하고 다른 집단에게는 저조했다고 말했다. 그러나 사실 두 집단은 성적이 비슷했다. 다음 실험자는 2차 실험을 한다고 피험자에게 말하고 다음 과제에서 그가 성공할 확률을 추정케 했다. 그런데 흥미로운 결과가 도출되었다. 1차 실험에서 잘했다는 피드백을 받은 집단은 1차와 전혀 다른 일을 수행하는 2차 실험에서도 '잘할 것'이라고 대답했다. 그러나 1차 실험에서 실패했다는 피드백을 받은 집단은 2차 실험에서의 성공률을 낮게 잡았다. 즉, 그 집단의 자기효능감은 낮아졌다.

이러한 실험 결과는 우리의 자기효능감은 우리가 과거에 성공 경험이 많았는가의 여부에 따라 달라진다는 것을 시사한다. 자기효능감은 자신감과 같아서 주위 사람이 격려하고 칭찬하는 분위기에서 잘 자란다. 자주 실패하거나 주위에서 비난을 받고 인정받지 못하는 사람은 실력이 남보다 우월해도 자기효능감이 낮아질 수밖에 없다.

2000년에 부모를 토막 살해한 이은석이 그 대표적인 인물에 속한다.[6] 그는 고려대학교 산업공학과에 특차로 합격한 수재며 IQ 또한 134로 우수했다. 그러나 그의 효능감은 IQ 100 이하인 사람만도 못했다. 왜 그렇게 되었는가? 부모에게서 학대를 당하고 친구에게서 왕따를 당했기 때문이다. 글도 잘 쓰고 영화 평론은 전문가 수준이었던 이은석은 막판에 자신감을 잃고 제주도에 가 환경미화원이 되려는 생각까지 했다. 이런 자기 학대, 절망감 때문에 그는 어머니와의 사소한 말다툼에 상처를 입고 어머니와 아버지를 망치로 살해하는 최악의 비극을 연출했다. 자기효능감은 자기를 살리기도 하고 죽이기도 하는 어찌보면 무시무시한 자기에 관한 신념이다.

투자에 대한 신념

앞의 자신에 관한 신념, 즉 '통제감'이나 '자기효능감'은 우리가 잘 의식하지 않는 모호한 개념이다. 그래서 일반인들은 이해하기가 쉽지 않다. 이제 신념을 보다 정확히 이해하기 위해서 간단한 신념을 예로 들기로 하자. 그것은 바로 투자에 관한 신념이다.

노무현 정권의 인기가 급락한 가장 중요한 이유는 부동산 투기를 잡지 못한 데 있다. 부동산 투기를 잡기 위해 각종 규제 조치를 비롯해 종합부동산세와 같은 세금폭탄 정책을 펼쳤음에도 불구하고 작년에만도 부동산 시가가 두 배나 급등했다. 그래서 많은 집 없는 시민들이 실망하고 낭패감을 가지게 되었다.

한국 사람은 로또에 열광하는 만큼 주식에도 관심이 많다. 현재 가구의 1/4이 펀드에 가입해 있다. 주식에 투자해 재미를 본 사람도 있지만 망한 사람도 많다. 망한 사람은 주식에 대해 잘못된 신념을 갖고 있는 경우가 많다. 일단 주식을 구입하면 그 주식이 계속 하락하는데도 언젠가는

오를 것이라는 막연한 신념을 갖는 것이다. 투자에 대해서는 신념을 가져서는 안 된다. 왜냐하면 투자한 물건 값은 시시각각 변하기 때문이다. 그럼에도 불구하고 주가는 오르기 마련이니, 부동산 불패니 하는 신념을 오랫동안 가지는 것은 바람직하지 못하다.

그렇다고 투자에 어떤 원리가 없는 것은 아니다. 그리고 그 원리에 따라 투자하면 막연한 희망이나 감각적 판단을 토대로 한 투자보다 더 소득이 크다. 주식투자의 대가인 조엘 그린블라트(Greenblatt, J.)의 『주식시장을 이기는 작은책』[7]을 보면 좋은 주식을 고르는 두 가지 중요한 기준이 있다. 1주당 한 해 이익과 총 자산에 대한 자본 이익률이 그것이다. 첫 번째 지수는 한 해 어떤 회사가 벌어들인 이익을 주별로 나눈 가치다. 두 번째 지수는 총 투자한 자본에서 거두어들인 이익이다. 조엘은 이 두 지표에서 우수한 성적을 거둔 회사를 중심으로 투자 계획, 포트폴리오를 세웠는데 그렇게 하면 실패할 확률이 적고 이익이 높다는 것이다.

조엘은 자신의 이런 주장이 확실한가를 증명하기 위해 자신의 이론을 토대로 포트폴리오를 짜고 그 결과를 분석했다. 지난 30년간의 실적을 분석해 본 결과, 그의 이론에

의한 포트폴리오는 항상 일반 금리보다 2~3배나 높은 수익을 올렸다고 한다.

이렇게 내가 주식투자 이론을 길게 설명하는 이유는 우리의 신념은 어떤 신뢰할 만한 이론이나 사실을 토대로 해야 함을 역설하기 위해서다. 우리는 막연히 자기가 산 주식이 오를 것이라고 믿기보다는 확실한 어떤 근거를 갖고 있어야 한다. 그런데 어떤 근거를 우리 신념의 중요한 기준으로 삼아야 하는가?

어떤 이론도 그것이 과학적으로 증명될 수 없다면 그것이 확실하다는 것을 가릴 방법이 없다. 그런데 우리의 신념 중 대부분은 과학적으로 증명될 수 없다. 예컨대, 천당이 확실히 존재하는지, 이혼한 부모 밑에서 자란 자녀가 결혼해서 이혼할 확률이 높은지, 아이들 기를 살리는 것이 좋은 훈육 방법인지 등이 모두 그렇다.

그런데 우리는 이렇게 과학적으로 근거가 없는 신념을 가지고 있고 그것을 신조처럼 따른다. 그러다가는 낭패를 보기 쉽다. 그러므로 이런 신념의 타당성을 가려 볼 필요가 있다. 그 가장 좋은 방법은 무엇일까?

주식투자의 대가인 조엘은 자신의 이론을 과거 30년간의 실적을 통해 증명해 보였다. 그렇다! 실적은 하나의 역사로 간주될 수 있다. 실적이란 지금까지 쌓아놓은 과거의 결산이기 때문이다. 역사는 그 자체가 하나의 검증 방법이다. 과거 30년간 어떤 이론이 긍정되었다면 그 이론은 어느 정도 신빙성이 있다고 할 수 있다. 우리가 역사를 잘 배워야 하는 이유가 여기에 있다.

그러나 조엘도 자기의 이론이 영원무궁토록 신빙성이 있을 것이라고 주장하지 않는다. 증권시장은 경제 변화, 시대 변화에 따라 크게 달라지기 때문이다. 그는 과거 30년 전에는 제조업이 큰 투자이익을 얻었지만 최근에는 IT 산업이 크게 성장하고 있고 앞으로는 지식 산업, 서비스 산업이 더 큰 각광을 받을 것이라고 예상하고 있다. 이처럼 우리는 과거 역사는 물론 앞으로의 변화에도 민감해야 한다.

작년 한국의 부동산 값 폭등에 대해서도 우리는 배울 것이 많다. 왜 최근 2~3년 내 우리의 부동산 값이 가파르게 상승했는가? 그 중요한 이유는 은행의 저금리 정책 때문이다. 2000년 들어서 경기가 급강하하자 정부는 경기부양책의 하나로 시중금리를 대폭 내렸다. 금리가 저렴하다 보니 서민들도 은행에서 돈을 빌려 주식이나 부동산에 투자할 자신이 생겼다. 이로 인해 부동산 값이 폭등한 것이다. 그런데 이런 부동산 값의 폭등은 비단 우리나라만 겪은 것이 아니다. 전 세계적인 현상이다.

돈을 잘 버는 사람은 신념의 변화가 빨라야 한다. 60~
70대 기성인들은 빚을 지는 것을 아주 혐오했다. 자기 분
수대로 살아야 한다는 신념 때문이다. 그래서 그들은 부
동산 투자에 소극적이었고 따라서 최근의 부동산 투자 대
열에 합류하지 못했다. 반대로 젊은 세대 또는 기성세대
라고 해도 빚에 대해 새로운 신념을 가진 사람들은 새로
운 투자 방식으로 재미를 보았다.

내가 심리학적으로 볼 때 그렇게 중요한 신념이 아닌 투
자에 관한 신념에 대해 장황하게 이야기한 목적이 있다.
그것은 신념이란 그 어떤 것이든 간에 그 타당성을 검토
해야 한다는 것, 그리고 신념은 시대에 따라 알맞게 바꾸
어야 한다는 것을 강조하기 위해서다. 그러나 많은 사람
들이 일단 습득한 신념을 버리기보다는 그것을 옹호하고
합리화하는 경향이 있다. 그들은 잘못하면 시대정신에 뒤
떨어지고 옹고집쟁이라는 낙인이 찍힌다. 잘못된 신념이
무엇이고 그것을 어떤 식으로 유지하는지에 관해서는 이
책의 후반부에서 자세히 논의하기로 한다.

이 절의 교훈은 신념은 가능하면 과학적으로 검증된 것
을 토대로 해야 한다는 것과 현실에 맞지 않은 신념은 과

감히 폐기하고 수정해야 한다는 것이다. 그러기 위해서 우리는 부단히 여러 방면의 지식을 쌓고 책을 많이 읽어야 한다. 또 사회 변화를 공부해야 한다. 미래학자들의 미래 사회에 대한 예측서는 우리에게 많은 도움을 줄 것이다.

자녀관

나는 3년 전부터 '바른사회시민회의'에서 인터넷 상담을 하고 '무악동 평화의 집'에서 현장 상담을 하고 있다. 그런데 적지 않은 젊은이들이 부모와의 갈등을 호소해 온다. 그래서 이 문제를 다루어야겠다는 생각을 늘 해 오고 있었다.

부모-자식 간의 문제는 심리학을 비롯한 여러 학문 분야에서 많이 다루어 왔다. 부모의 바람직한 훈육 및 교육 방법, 자녀와의 대화 방법 등이 그 예다. 따라서 여기서 이런 문제를 답습할 생각은 없다. 다만 다른 각도에서 이 문제를 조명해 보고자 한다.

부모-자식 간에 틈이 벌어지는 것은 부모와 자식이 가지고 있는 상대방의 역할에 관한 신념이 다르기 때문이다. 여기서 자녀관에 관해 종합적으로 살펴보자. 자녀관에는 자녀를 낳는 이유를 토대로 한 자녀의 수, 아들과 딸에 대한 선호도 등 여러 가지가 있다. 우리는 결혼을 하면 일단 자녀를 생각 없이 낳기 쉽다. 한두 명까지는 그냥 무턱대고 낳다가 셋째 아이를 가질 것인가 하는 시점부터는 출산 문제를 심각하게 생각한다.

나의 친구 중 딸 넷을 내리 낳은 친구가 있다. 그 당시 지식층의 자녀 수는 대부분 둘이었다. 그러나 이 친구는 딸을 셋 낳고 고민하다가 나를 찾아왔다. 무조건 그만 낳으라고 했는데도 그는 덜커덕 하나를 더 낳았다. 장모가 자기가 키워 줄 터이니 무조건 낳으라고 강요했기 때문이란다. 내 생각엔 친구의 장모가 손자를 보기 위해서 그랬던 것 같다.

나 자신을 회고해 보아도 자녀를 낳는 이유나 자녀를 몇 명 낳을 것인가에 관해 깊이 있게 생각해 결정하기보다는 남의 의견이나 시대정신을 따랐던 것 같다. 나는 팔남매 속에서 자라 식구가 많은 것을 그리 반기지 않았다. 단 두 형제로 태어나 부모에게 듬뿍 사랑을 받는 친구가 늘 부러웠다. 나와 같은 생각을 해서인지 우리 팔 남매는 결혼해서 서로 약속이라도 한 듯 모두 자녀를 두 명씩만

두었다.

이제 자녀를 낳는 동기에 관해서 생각해 보자. 연구에 따르면 우리 부모 세대들이 자녀를 많이 낳은 이유는 유아 사망률이 높고 자녀로부터의 경제적 지원, 즉 노후 봉양을 기대했기 때문이라고 한다. 그러던 것이 박정희 대통령이 집권하면서 가족계획을 적극 실천해 자녀 수가 줄어들었다. 최근 들어 자녀 수가 급격히 줄어든 것은 교육비가 너무 많이 들어가고 또 자녀를 봐 줄 사람이 없기 때문이다.

그러나 자녀관에서 중요한 것은 이상적인 자녀의 수보다는 자녀를 낳는 동기다. 앞에서 자녀를 그냥 맹목적으로 낳는다고 말했지만, 사실 우리의 무의식 속에는 자기

나름대로 자녀에 관한 신념이 구축되어 있다.

우리나라 사람들이 자녀에 대해 갖는 태도는 크게 두 가지로 양분될 수 있다. 하나는 자녀는 키우는 재미이고 하나의 독립적 인격체를 가진 사람이라고 생각하는 것이다. 이런 자녀관을 가진 사람은 자녀에게 기대하는 것도 무리하게 요구하는 것도 없다. 또 자신이 너무 자녀를 위해 희생하려는 생각도 하지 않는다. 한마디로 서구식 자녀관이다. 다른 하나는 자녀를 자기의 부속물로 간주하는 것이다. 자녀는 자기가 낳았으므로 자기 뜻대로 할 수 있다는 생각이다. 그러면서 자녀가 무조건 효도하기를 기대한다.

우리나라는 서구에서 볼 수 없는 가족 동반 자살이 많다. 서양인들은 아무리 궁핍해서 자살하더라도 자기만 죽지 자녀를 동반하지 않는다. 그들은 한국인의 가족 동반 자살을 이해하지 못한다. 왜? 부모가 자녀를 낳았어도 그들의 생명은 좌우할 수 없다고 생각하기 때문이다. 물론 우리나라에서는 서구와 달리 사회보장제도가 미흡해 부모가 자녀를 두고 떠나면 자녀가 고생할 것 같아 동반 자살을 하는 것 같다. 그렇지만 자식의 생명을 부모가 빼앗는다는 것은 큰 죄악이고, 이는 자녀에 관한 잘못된 신념을 토대로 한 것이다.

자녀를 자기 부속물처럼 간주하는 사람은 아동 학대를 하는 경우가 많다. 자식은 부모의 사랑을 먹고 자란다. 부모가 자식을 미워하고 학대하면 이은석과 같이 부모를 살해하거나 유영철처럼 무고한 여성을 20명 이상 연쇄 살인하는 살인마로 성장할 수 있다.

나의 상담실이나 인터넷 상담란에는 아직도 부모의 횡포에 시달림을 호소하는 사람들이 많다. 무지막지한 폭행이 가정에서 수시로 일어나는 것이다. 그들에게는 뚜렷한 대책이 없다. 가정폭력법이 제정되었어도 그들을 부모의 폭력으로부터 보호하는 길은 쉽지가 않다. 나는 폭력의 피해자가 대학생이면 하루 빨리 부모로부터 독립하라는 충고를 한다. 아르바이트를 해 원룸을 얻고 독립하라는 것이다. 또 경제적으로 그것이 어려우면 학교 기숙사로 피신하라고 권고한다.

한국인이 자녀에 대한 교육열이 높은 것은 장한 것이다. 그러나 그것이 너무 지나쳐 득보다는 해를 보는 경우가 허다하다. 자녀의 능력과 적성을 무시하고 부모는 자기가 원하는 학교, 전공, 직업을 강요한다. 즉, 자녀의 일생을 부모가 설계하고 좌우한다. 이것은 바람직하지 않다.

내가 재직했던 대학에서 보면 부모가 정해 준 과를 다니다 심리학과로 전과하는 학생이 적지 않았다. 그런 부모는 자녀의 배우자 선택은 물론 자녀의 혼수 문제에도 깊게 관여할 것이다. 혼수 문제로 이혼하고 파탄 나는 모습은 외국에서는 보기 드문 진풍경이다. 이런 문제는 부모가 자녀에게 너무 깊게 관여하는 데에서 발생한다.

나는 좀 독특한 자녀관을 갖고 있다. 부모로서 자녀들의 뒷바라지를 해 주는 것은 당연시하고 있으나 어느 정도 한계를 둔다. 즉, 자녀가 공부하는 것은 끝까지 지원하겠으나 자녀들에게 유산을 남겨 주지는 않을 것이다.

요즘 혼수 문제가 특히 불거진 이유는 강남의 집값이 천정부지로 올랐기 때문이라고 한다. 그래서 사위 자리가 집 한 칸 없으면 타박한다는 것이다. 그러나 우리처럼 집값이 천문학적인 나라에서 총각이 집을 갖고 결혼할 수가 있는가? 불가능하다. 그래서 부모가 집을 장만해 주어야 한다고 생각하고 또 실제 그렇게 하는 부모가 주위에 적지 않다. 나는 이것은 부모의 과잉 사랑이라고 생각한다.

이스라엘 속담에 '자녀에게 물고기를 잡아 주지 말고 물고기 잡는 법을 가르쳐 주라.'는 말이 있다. 이는 우리가 배워야 할 아주 중요한 신념이다. 자녀에게 일찍 유산을 상속하는 것은 자녀에게 독약을 주는 것과 진배없다. 그들은 노동의 중요성, 땀의 대가를 모르게 되는데 그렇게 되면 그의 앞날은 뻔하다. 성실하고 땀 흘려 일하는 근면한 근로자가 되지 못한다.

자녀관이라는 신념은 우리가 많이 들어본 것이다. 그래서 새삼 새로울 것이 없을 것 같다. 그러나 많은 가정에서 부모-자녀 간에, 그것도 성인 자녀와 부모 간에 마찰이 끊이지 않는 것을 보면 자녀에 관한 우리의 신념에 하자가 있기 때문인 것 같다.

자녀관은 시대의 변화에 따라 변해야 한다. 기성세대가 자녀와 투닥거리는 중요한 원인 중에 하나는 자녀를 한 인격체로 간주하지 않고 윽박지르고 명령하기 때문이다. 유교의 가르침이 지배하던 과거에는 엄부의 존재가 자식에게 통했지만 지금은 상황이 다르다. 자녀에게 체벌을 가하고 윽박지르는 것은 민주사회에서 용납되지 않는다. 따라서 우리는 자녀관을 과감하게 수정해야 한다. 어떤 것이 자녀를 위한 방법인가에 관해서도 숙고할 필요가 있다. 그래서 진부한 내용이지만 자녀관에 관한 절을 이곳에 새삼 마련한 것이다.

결혼관

결혼에 대한 신념, 곧 결혼관을 우리는 잘 생각해 보지도 중요시하지도 않는다. 앞서 말한 자녀관과 마찬가지로 미리 이에 대해 숙고하지 않고 그냥 연애하고 결혼한다. 그러다 배우자가 자기에게 맞는 타입이 아니고 서로 성격이 맞지 않으면 이혼 수속을 밟는다.

자녀관을 올바로 가지려면 결혼하기 전에 미리 자녀란 무엇인지, 왜 자녀를 낳아야 하는지, 그리고 자녀를 몇 명 낳는 것이 좋은지를 결정해야 한다. 그렇지 않고 남들 하는 대로 자녀를 꾸역꾸역 낳다가는 나중에 후회막급이다. 마찬가지로 결혼관도 미리 정립해 두어야 원만한 결혼생활을 할 수 있다.

결혼관이란 무엇인가? 결혼에 대해 우리는 어떤 신념을 가져야 하는가? 결혼관에서 제일 중요한 대목은 역시 배우자관일 것이다. 내가 좋아하는 배우자의 자질은 무엇인가? 외모가 중요한가, 아니면 인품이 중요한가? 내가 어떤 역할을 해야 하고 배우자는 어떤 역할을 해야 한다고 생각하는가? 이런 것이 대체로 결혼에 관한 신념에 포함되어야 할 내용이다. 우리는 결혼하기 전에 이런 문제를 확실히 정리해야 한다.

그러나 돌아보면 나조차도 미리 결혼 전에 결혼관을 정립해 놓지 않았다. 내 아들이 최근 여자 친구를 만나 열애 중이다. 그 녀석이 아닌 밤에 홍두깨 격으로 며칠 전 나에게 "배우자를 고를 때 무엇을 중요시해야 하나요?" 하고 물었다. 나는 당황했지만 속으로는 대견했다. 내가 젊어서 생각해 보지 않은 배우자관을 물어본 때문이다. 나는 생각 끝에 "인품이다."라고 잘라 말했다. 좀 어려운 말이지만 인품이란 좋은 성격, 올바른 가치관을 말한다. 덧붙여 나는 "배우자의 외모는 화무십일홍이라 오래 가지 않는다. 그러나 좋은 성격, 착한 마음씨, 지적 능력은 평생토록 간다."라고 말했다.

나는 퇴임 직전에 연세대생을 대상으로 이상적으로 생각하는 배우자의 자질에 관해 연구해 본 결과 남녀 간에 차이가 나타났다. 남자는 외모를 중요시한 반면에 여자는 원만한 성격과 지능을, 그리고 더 나이가 많은 여자(24세 이상)는 남성의 능력, 특히 경제적 능력을 제일 중요한 자질로 선정했다.

배우자의 자질 평가에서 남녀 간에 차이가 난 것은 진화

론적 사회심리학으로 설명할 수 있다. 남자는 유전자를 여러 여자에게 퍼트리려는 본성을 가지고 있다. 이에 남자는 여자의 능력보다는 외모 또는 신체적 건강을 중요시한다. 반면, 여자는 자신의 유전자를 남자처럼 많이 퍼트릴 수 없다. 왜냐하면 여자가 평생 낳을 수 있는 자녀 수는 한정되어 있기 때문이다. 이에 여자는 양질의 유전자를 찾으려 한다. 그래서 흔히 남자의 능력, 특히 경제적인 능력을 최우선시한다. 즉, 여자는 우수한 능력의 유전자를 갈망한다.

이렇게 남녀의 배우자관이 다르기 때문에 남녀가 연애하거나 결혼할 때도 서로 다른 태도를 취한다. 남자는 흔히 연애 상대자를 배우자로 삼는 경우가 많다. 그러나 여자는 연애 상대자와 결혼 상대자를 구분한다. 연애는 이상으로 보는 반면 결혼은 현실로 생각하기 때문이다. 그래서 여자는 연인이 프러포즈하면 실리적 태도를 취해 남자가 능력이 있는 사람인가를 검토하여 프러포즈를 거절하거나 받아들인다. 그러나 남자는 연애 때의 연인이 바로 배우자가 되는 경우가 많다. 남자는 실리적이 아닌 감상적으로 행동한다. 남자는 여자의 능력을 별로 중요하게 생각하지 않기 때문이다.

그렇지만 나는 여제자들에게 너무 남자의 경제력에 비중을 두지 말라고 충고한다. 특히, 재벌집 며느리가 되는 것을 심각하게 고려하라고 충고한다. 그 이유는? 재벌 자제들은 허니문이 끝나면 이제 다른 여자 색출에 나서기 쉽다. 돈은 많고 예쁜 여자들은 지천으로 있기 때문이다. 그러므로 재벌집 며느리는 신혼이 끝남과 동시에 독수공방 처지가 될 가능성이 많다. 배우자에게 사랑받는 것보다 외제차를 몰고 명품을 두르는 것이 더 신나는 인생이라고 생각한다면 재벌집 며느리가 되는 것도 좋을 것이다. 그러나 남편의 영원한 사랑을 갈망한다면 재벌가와의 혼사는 삼가는 것이 좋다.

자기 타입의 배우자를 선정하되 자기와 같은 인생관, 가치관, 신념을 가진 사람을 고르는 것이 좋은 결혼관이다. 바람직한 결혼관을 토대로 맺어진 부부는 결혼 후 갈등이 적고 백년해로하기 쉽다. 나중에 논의하겠지만, 행복한 생활과 장수의 비결은 한 배우자와 오랫동안 같이 사는 것이다. 이혼은 당사자는 물론 자녀에게 크나큰 마음의 상처를 안겨 준다. 그래서 이혼한 사람은 슬프고 마음고생이 많고 불행하다.

합당한 배우자를 맞아들이기 위해 미리 결혼관을 확립해 두어야 한다. 그러려면 자신의 성격, 자기가 이루려는 것, 자신의 가치관이 무엇인가를 잘 알아두어야 한다. 즉, 결혼과 관련된 자아정체를 잘 알아야 한다. 그리고 상대방의 정체도 잘 판단해야 한다. 배우자가 중요시하는 가치관은 무엇인지, 배우자관은 물론 인품, 성격, 마음씨 등을 잘 파악해야 한다. 그러기 위해서는 주위 사람의 충고, 특히 부모, 상사, 친구의 의견을 경청할 필요가 있다.

아름답고 미모가 수려한 배우자를 찾으려는 것은 누구나 품고 있는 욕망이다. 그런데 흔히 미모의 소유자는 얼굴값을 하기 마련이다. 그들은 자기중심적이고 이기적일 수 있다. 아름다운 배우자를 갈망하는 사람은 자기가 이기적인 배우자를 감내할 수 있다면 미모를 배우자 자질의 제일로 간주해도 좋다. 그러나 그럴 자신이 없다면 배우자의 미모보다는 능력과 성품을 잘 눈여겨 보아야 할 것이다.

직업관

직업은 인생에서 필수 불가결한 요소다. 그 이유는 직업은 개인의 생계는 물론 자아실현의 수단이 되고 또 행복을 가름하기 때문이다. 결혼생활에 불만족하는 사람은 일생 불행하지만 직업 생활에 만족하지 못하는 사람도 마찬가지다.

우리는 어떤 직업을 택할 것인가도 역시 일찍부터 정리해 두어야 한다. 직업관 역시 결혼관이나 자녀관과 마찬가지로 평소 생각해 보지 않다가 갑자기 코앞에 닥치면 그제서야 허둥지둥 정하기 쉽다. 그것도 자신의 적성, 취미, 직업 세계에 관한 사전 지식이 없이 남이 좋다는 직업을 그대로 따라가곤 한다.

배우자를 장기적 안목에서 선택하듯이, 직업 역시 직업의 미래를 잘 살펴보고 결정해야 한다. 단순히 현재 인기가 있고 봉급이 많다고 덥석 결정했다가는 나중에 후회하는 경우가 많다. 배우자를 선택할 때 배우자의 학력, 지능, 가치관, 품성 등 다양한 정보를 수집하는 것처럼, 직업을 선택할 때도 그 직업의 여러 가지 특징, 장단점, 앞으로의 전망 등 많은 정보를 수집해야 한다.

직업을 택할 때는 우선 자신의 직업과 관련된 자아정체를 찾아야 한다. 자신이 어디에 취미가 있는가를 살펴보아야 한다. 그리고 직업 적성도 파악해야 한다. 학생들의 진로 선택을 위해 심리학자, 교육학자들이 만들어 놓은 진로선택검사가 많이 있다. 그리고 중·고등학교에서는 학생들에게 적성검사를 실시해 진로지도를 한다.

그런데 우리나라 적성검사는 잘 들어맞지 않는다. 몇 년 전 교육대학원생을 지도할 때 고등학생용 적성검사의 타당성을 살펴보았다. 그랬더니 그 검사 결과가 요상하게 나타났다. 예컨대, 어떤 학생의 적성이 이과에도 있고 문과에도 있는 것으로 나타났다. 사실 이런 식으로 결과가 나와서는 안 된다. 왜냐하면 이과의 적성으로는 수리력, 공간지각력 등이 필요한 반면, 문과의 적성으로는 어휘력, 문장이해력 등이 필요하기 때문이다. 그리고 이 두가지 적성은 서로 다르다. 그러면 한국의 적성검사가 잘못

만들어졌는가? 적성검사 문제를 작성할 때 이과나 문과에서 가르치는 학업 내용을 그대로 적용했기 때문이다. 그런데 공부를 잘하는 학생은 수학도 잘하고 국어도 잘하므로 이런 잘못된 적성검사 결과가 나오는 것이다.

올바른 적성은 취미와 흥미를 가리는 검사여야 한다. 만약 내가 기계를 만지고 물건을 만드는 것을 좋아한다면 나는 공학에 취미가 있다. 반면 내가 책을 좋아하고 글쓰기를 좋아한다면 나는 문과에 취미가 있는 것이다. 우리의 취미와 흥미는 서로 아주 다르다. 이런 차이가 우리의 적성의 차이를 나타내 준다.

공부를 다 잘한다고 해도 자신이 어떤 과목의 공부를 더 좋아하는지는 구별해 낼 수 있다. 국어, 문학, 역사 공부에 재미가 있다면 나는 문과대학으로 가야 한다. 내가 대학에 가기 위해서 하기 싫은 수학, 과학 공부를 열심히 하여 점수가 높게 나왔다고 해도 나의 적성은 절대로 이과에 있는 것이 아니다. 그러므로 학생들이 대학을 정할 때는 자신의 취미와 흥미를 우선적으로 고려해야 한다.

유명한 발달심리학자 에릭 에릭슨(Erik Erikson)은 청소년기의 자아정체를 아주 중요한 발달과업으로 간주했다. 청소년기에 자아정체를 찾는다는 것은 자기의 진로를 결정하는 것이라고 말해도 과언이 아니다. 앞으로 무슨 일을 해서 인생을 보내면 행복할까? 어떤 일을 죽을 때까지 계속하면 보람을 느낄까? 대충 이런 문제를 해결하는 것이 자아정체를 찾는 것이고 이것이 바로 직업관을 확립하는 것이다.

옛날에는 직업이 많지 않았고 직업은 세습제였다. 하류층은 농사, 품팔이 노동을 했고, 중류층은 장사, 가내공업 등을 맡았다. 반면 귀족은 학문이나 정치를 했다. 그러나 오늘날 직업의 종류는 너무 많고 색다른 직업이 계속 창출되고 있다. 제2의 물결인 제조업 시대에도 수많은 직업이 있었지만 제3의 물결, 즉 정보화 시대에는 우리가 듣도 보도 못한 직업이 생겨났다. 따라서 우리가 자신의 직업관을 정립하기 위해서는 직업 세계에 대한 정보를 많이 가지고 있어야 한다.

올바른 직업관을 정립하는 제일 좋은 방법은 자기가 보람을 느끼는 직업이 무엇인가를 알아보는 것이다. 그리고 좋은 직장을 택하는 방법은 현재 자기가 택하려는 직장의 미래를 알아보는 것이다. 현재 알려지지 않고 사람들이 잘 택하지 않은 직업이라도 미래에 각광을 받을 가능성이 많다면 지금 용감하게 그런 직업이나 전공을 택해야 한다.

내가 평생 동안 결정한 것 중 가장 잘한 것은 심리학을 전공하기로 결정한 것이다. 그런데 나의 이런 진로 결정은 내가 직업관을 잘 정립하고 자아정체를 찾은 결과는 아니다. 어쩌다 우연히 그리고 정보도 없는 상황에서 심리학과를 택했다. 1960년대 초만 하더라도 한국에서 대학에 심리학과가 있는 곳은 모두 네 곳이었고 모두 서울에만 있었다. 우연히 고 윤태림 교수가 쓴 『심리학 입문』이라는 책을 읽은 나는 단숨에 심리학과로 진로를 결정했다.

당연히 부모님의 반대가 있었고 정말 부모님 충고대로 졸업 후에 직장을 얻기가 힘들었다. 그러나 내가 대학원을 졸업한 후부터 심리학에 대한 우리 사회의 이해가 점차 싹트기 시작했다. 내가 미국에 유학 간 1970년대 초만 하더라도 한국 내에서 심리학과는 전과 마찬가지로 영세학과였다. 그러다 내가 미국 유학을 하고 돌아온 1977년 말 부터 심리학과가 전국에 신설되기 시작했다. 지금은 연세대 문과대학의 경우 심리학과가 영문과 다음으로 인기 있는 과가 되었다.

이는 직업의 창출면에서도 마찬가지다. 전에 들어 보지도 못한 웹디자이너가 있는가 하면 인터넷 쇼핑 호스트라는 직업도 생겨났다. 연봉도 큰 차이가 있다. 과거에 높은 연봉을 받았던 대기업 사무직보다 외환딜러, 투자자문가들이 천문학적 연봉을 받고 있다.

그렇다고 연봉만이 중요한 것은 아니다. 그보다 우선해야 하는 것은 그 직업이 자기에게 보람을 주고 평생 그곳에서 행복감을 느낄 수 있는가 하는 점이다. 나는 돈이 그렇게 궁한 처지가 아니라면 예술가가 가장 보람 있는 직업이라고 생각한다. 그들이 남긴 예술 작품은 영원할 수 있고 그들은 자기의 작품 제작에서 늘 행복할 수 있기 때문이다. 또 예술 활동에는 정년이 없다는 장점도 있다.

행복관

우리는 행복이 무엇인지, 또 어떤 사람이 행복한 것인지에 대해서 서로 의견을 달리하고 있다. '부귀다남(富貴多男)'이라 하여 돈 많고 귀한 지위를 갖고 아들이 많으면 행복하다고 생각하는 사람이 있는가 하면, 건강과 마음의 평화를 진정한 행복이라고 생각하는 사람도 있다.

행복을 연구하는 심리학자들은 경제력과 행복 간에 관계가 있지만 그것은 한계가 있다는 것을 발견했다. 즉, 어느 정도의 물질적 부는 행복을 갖게 하지만, 일정 한계를 넘어서면 물질적 부는 더 이상 행복을 담보하지 않는다는 것이다. 예를 들어 보자. 우리나라가 경제성장을 하기 전인 1960년대에 GNP는 100달러도 못 되었다. 그런데 올해 우리의 GNP는 2만 불에 달할 것이라고 한다. 그러면 우리는 1960년대에 비해 20배의 행복을 누릴까? 그렇지 않다는 것이 심리학자의 연구 결과다.

그럼에도 우리가 행복하려면 최소한의 경제력이 있어야 한다. 의식주에 많은 부족과 불편을 느꼈던 1960년대에는 우리 모두가 만족감도 행복감도 느끼지 못했다. 먹을 것이 풍족하고 등 따습게 지내는 오늘날, 우리 대부분은 1960년대보다 행복해하고 있다. 그러나 우리의 행복지수는 GNP가 늘어난 만큼 늘어나지 않는다. 왜 그런가? GNP, 즉 돈이 우리를 행복하게 만들어 주는 데에는 한계가 있기 때문이다. 돈이 행복에 미치는 영향이 적은 것은 우리의 행복에 대한 신념이 각기 다르기 때문이다.

행복에 관한 신념, 즉 행복관은 우리의 행복을 결정한다. 나물 먹고 물 마시고 풀베개를 베도 삶이 족하다는 사람은 그 만큼 사소한 것에 만족할 수 있고 또 행복할 수 있다. 반대로 행복을 부와 출세와 연관시키는 사람은 웬만한 성취에는 만족하지 못할 것이다.

행복관이 중요하다는 결과는 심리학자의 다음과 같은 연구 결과에서도 드러난다. 사회심리학자들이 연구한 바에 따르면 사람에 따라 자기의 능력 및 성공을 평가하는 방법은 서로 다르다. 어떤 사람은 자기의 위치를 자기보다 더 높은 위치의 사람과 비교한다. 내가 쓴 『당신의 행복을 설계해 드립니다』[8]에는 다음과 같은 예가 나온다. 그 예를 다시 소개해 본다.

나의 친구 중 꽤 잘사는 친구가 있다. 다른 친구들은 대개 소나타를 소유하면서 7~8년 동안 타고 다니는데, 이 친구는 그랜저를 타고 다니면서 평균 4년마다 차를 바꾼다. 그는 은퇴를 했지만 부모가 부자다. 그래서 매달 부모가 생활비를 꼬박꼬박 보내 주고 그 생활비로 상류생활을 하고 있다. 그런데도 이 친구는 불평이 많다. 특히, 명절이나 제사 때 형제자매들을 만나면 뾰로통해진다. 이유인즉슨 자기 형제자매들은 모두 벤츠를 몰고 다니는데 자기만 국산 차라는 것이다.

우리가 자신을 상향 비교하는가 또는 하향 비교하는가에 따라 우리의 행복은 달라진다. 위에 말한 내 친구는 나보다 훨씬 잘 살면서도 나보다 불행하다. 그 이유는 자기의 처지를 더 잘사는 형제자매들과 비교하기 때문이다. 그가 만일 자기 처지를 나와 비교한다면 그는 행복감을 느낄 것이다.

심리학자가 일반인을 대상으로 "당신에게 행복을 안겨주는 요인은 무엇입니까?"라고 직접 물으면, 많은 사람들은 돈, 지위, 화목한 가족, 좋은 직장 등을 꼽으면서도 막상 가장 중요한 요인인 건강은 열거하지 않는다. 그러면 우리는 건강을 그렇게 중요하지 않은 것으로 간주하는가? 그렇지는 않다. 우리는 '건강을 잃으면 천하를 얻어도 아무 소용이 없다.'는 사실을 잘 알고 있다. 그런데 왜 우리

는 건강을 행복의 필요충분조건으로 생각하지 않는가? 그
것은 우리가 건강하기 때문이고 아파 보지 않았기 때문이
다. 마치 우리가 늘 공기로 숨을 쉬면서도 공기의 중요성
을 인식하지 못하는 것과 같다.

　친지들을 병문안 할 때마다 나는 내가 건강한 것을 다행
으로 여기고 충만한 행복감을 느낀다. 병원에 입원한 사
람이나 중병을 앓아누운 사람들이 얼마나 고생하는가를
직접 목격하기 때문이다. 앓아누워 본 사람은 건강의 소
중함을 절실하게 느끼지만 건강한 사람은 이를 망각하기
쉽다.

　당신은 현재 건강한가? 그렇다면 설령 가진 것도 없고
늘 실패만 했더라도 당신은 복을 타고난 사람이고 행복한
사람이다. 거기다 당신에게 가족이 있는가? 그러면 당신
의 행복은 두 배가 된다. 비록 당신이 가족에게 충분히 돈
을 벌어다 주지 못해도 당신을 사랑하는 아내, 자식이 있
다면 당신은 마땅히 그렇지 않은 사람보다 두 배나 더 행
복하다. 심리학자가 연구한 바에 따르면 결혼한 사람은
독신보다 행복하고 더 오래 사는 경향이 있다. 이렇게 우
리가 자신을 하향 비교한다면 우리 대부분은 우울할 필요
도 절망할 필요도 없다.

그러나 항상 자기를 하향 비교하는 태도는 좋지 않다. 예컨대, 대학 입시를 앞둔 수험생이 자기의 성적을 항상 하향 비교해서 성적이 반에서 하위 10%인데도 자기 성적에 만족하는 것은 문제가 있다. 즉, 그는 자기보다 공부를 못하는 학생 서너 명과 자기를 비교해서는 안 된다. 그러면 그는 절대 대학에 입학할 수 없다. 따라서 젊어서 열심히 공부하고 일하기 위해서는 우리는 자신을 하향 비교하기보다 상향 비교해야 한다. 다만 자신의 행복을 가늠할 때는 하향 비교할 필요가 있다.

우리가 어떤 때 무아경에 빠지는가를 연구한 심리학자가 있다. 칙센트미하이(Csikszentmihayi, M.)는 우리가 갖는 순도 높은 행복감은 우리가 무아지경에 빠질 때 느끼는 것이라고 한다.[9] 그가 이런 경험을 하는 사람을 만나본 결과, 그들 대부분은 부자도 또 출세한 사람도 아니었다. 그들은 장인으로 독특한 기술을 가진 사람, 예술가, 또는 운동선수였다. 그들은 자기 작품에 몰두할 때, 또는 경기에서 좋은 성적을 얻거나 상대방과 접전 끝에 승리했을 때 무아의 경지에 빠졌고 황홀감과 행복감을 만끽했다고 보고했다.

칙센트미하이의 연구는 우리에게 일이 행복의 중요한

원천임을 말해 준다. 그 일이 꼭 돈 버는 일일 필요는 없다. 오히려 우리가 돈을 받고 일하는 것은 자기가 하고 싶어서 하는 일이 아닌 경우가 많다. 예컨대, 자동차 공장에서 매일 엔진을 부착하는 기능공은 그 일이 재미있어서 하는 것이 아닐 것이다. 똑같은 일을 반복하기 때문에 그 일을 하면 할수록 더욱 싫어질 것이다. 그가 진정 행복감을 느끼는 것은 퇴근 후 친구와 두는 바둑이나 주말에 아들과 강가에서 하는 낚시일지도 모른다.

행복하려면 그 어떤 일에 몰두하려는 태도를 가져야 한다. 몰두할 일을 찾지 못하면 취미라도 개발해야 한다. 등산, 스포츠, 바둑 또는 장기, 독서, 음악 감상 등에 취미를 붙여야 한다.

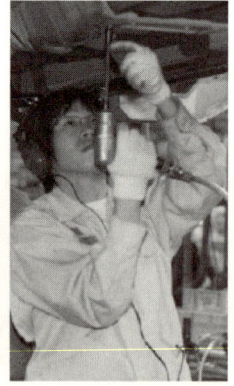

늘그막에 할 수 있는 가장 좋은 일거리는 봉사 활동이다. 장년들은 청소년에게 필요한 인생살이에 관한 지혜를 갖고 있다. 중요한 의사결정을 할 때 어떻게 할지 몰라 애태우는 청소년들이 적지 않다. 이런 청소년들에게 장년들의 인생 경험은 훌륭한 해결책이 된다. 나는 지난 3년간 '바른사회시민회의'에서 복지운동본부장을 맡아 영세민 상담, 독거노인 목욕 봉사 그리고 인터넷을 통한 인생 상담을 해 주고 있다. 처음에는 인터넷 상담이 뜨문뜨문 들어오다가 최근에는 2~3일에 한 건씩 자주 올라오고 있다. 그때마다 나의 인생 경험, 심리학적 지식을 총동원해 열심히 상담해 준다. 그들은 내 상담 내용을 읽고 곧바로 감사의 글을 올리는 경우가 많다. 나는 그때마다 행복감을 느낀다.

행복이란 어느 정도 생각하기 나름, 마음먹기 나름이다. 또 행복은 소소한 데에서 발견된다. 하고 싶은 일을 찾아 그 속에 파묻힐 때 행복감을 느낄 수 있다. 이런 단순한 행복관을 가져야 한다. 이런 행복관을 가진다면 자기의 현재 사회경제적 지위에 관계없이 모두 행복감을 느낄 수 있다. 행복은 우리가 행복에 관해 어떤 태도와 신념을 갖는가에 달려 있다고 해도 과언이 아니다.

2

집단 신념

2

집단
신념

집단 신념

앞 장에서는 개인적 신념을 다루었다. 정치경제적 신념,
자기 신념, 투자 신념, 자녀관, 결혼관, 행복관 등은 모두
개인이 가진 신념이다. 이번에는 집단적 신념에 관해서
살펴보기로 하자.

프로이트(Freud)나 융(Jung)은 집단무의식이 있다고 주
장했다. 우리가 뱀을 무서워하는 공포는 원시시대의 원시

인이 느꼈던 것이 우리 무의식에 그대로 유전되어 온 것이라고 주장한다. 그러나 그들의 이러한 주장은 현대 심리학에서는 근거가 없는 것으로 간주한다.

집단 신념이란 어떤 민족이나 국가에서 발견되는 신념으로 집단 속에서 유지되고 강화되는 신념을 말한다. 종교는 대표적인 집단 신념이다. 물론 종교관은 개인이 지니고 있고 개인 생활에 영향을 준다. 그러나 종교적 행동은 다른 개인적 신념과는 달리 집단 속에서 행해진다. 교회에 나가 합동으로 예배를 드리는 것이 이를 잘 보여 준다.

여기에서는 대표적인 집단 신념인 종교적 신념에 관해 이야기해 보기로 한다. 한국 사회는 종교의 천국이라고 한다. 인구수에 비해 종교인이 많고 또 종교를 죽어라 믿기 때문이다. 어느 곳을 가더라도 반경 400~500 미터 안에 교회가 하나씩 있기 마련이고, 주일에는 교회 근처에 차가 큰 홍수를 이룬다.

앞에서 나는 신념은 꼭 과학적으로 증명된 것을 가져야 한다고 역설했다. 근거가 희박하고 과학적으로 설명될 수 없는 신념을 갖는 것은 개인에게 많은 해를 끼치기 때문이다. 그러나 종교를 과학적으로 증명할 수 있는가? 하느님의 존재를, 또 미래세계를 과학적으로나 실증적으로 증명할 수 있는가? 그것은 불가능하다. 종교는 머리로 믿기보다 마음으로 믿어야 한다. 따라서 종교는 다른 신념과 다르게 취급되어야 한다. 다시 말해, 종교적 신념의 경우 타당성은 논외로 삼아야 한다.

집단 신념이 개인 신념과 다른 것은 집단 신념을 유지하는 데 집단의 힘이 필요하다는 것이다. 집단의 힘이 필요한 이유는 많은 집단 신념이 개인 신념과는 달리 그 타당성을 합리적, 과학적 방법으로 검증할 수 없기 때문이다. 위에서 말한 바와 같이 종교적 신념이 그렇다. 종교적 신념은 과학적으로 증명할 수 없기에 그 신념을 우리가 그대로 유지하는 한 가지 방법은 집단적 유대감을 강화하는 것이다. 자기가 믿는 종교적 신념을 다른 사람도 믿는 것을 발견하면 우리는 그 신념이 신빙성이 있다고 생각한다. 그래서 신흥종교일수록 신도를 늘리려고 안간힘을 쓴다.

이런 사실을 증명한 실험이 있다. 미국 사회심리학자 페스틴저(Festinger, L.)는 1950년대 미국 동부에서 종말론을 현장 연구하였다.[10] 한 종말론 교주가 '노아의 홍수'와 같은 신형 홍수론을 전파했다. 북미 대륙에 큰 홍수가 나 대륙이 멸망한다는 것이다. 그러나 자기를 따르는 무리는 하늘에서 내려오는 우주선에 의해 구출된다고 주장했다.

그를 따르는 무리는 그리 많지 않았지만 종말론이 언론에
까지 퍼져 기자들이 교주를 면담하려 갖은 노력을 펼쳤
다. 그럴수록 교주와 신도들은 지하로 깊숙이 잠적했다.

그러다 종말의 날이 다가왔다. 그러나 종말의 날은 열렬
한 신도의 기도 속에서 별 사건 없이 저물었다. 신도의 절
규와 비통 소리에 교주의 얼굴은 일순간 창백해졌지만 그
는 이내 평정을 되찾았고 그의 손은 자동적으로 하느님의
계시를 적고 있었다. 교주는 하느님이 내린 계시를 신도
들에게 큰소리로 읽었다. "너희들의 정성을 하느님이 갸
륵하게 여기시어 홍수를 당분간 유예했노라."

종말론이 허위로 드러난 이후 신도들의 행동은 과거와

달라졌다. 전에는 한사코 기피하던 기자들을 찾아 나섰고 그들에게 하느님의 계시를 전파하기 시작했다. 왜 신도들이 이렇게 행동의 변화를 보였는가? 이에 대해 페스틴저는 다음과 같이 설명했다. 종말론이 허위로 밝혀지기 전 신도들은 자신의 종말론을 굳게 믿었다. 그래서 그 집단 신념의 타당성을 지지해 줄 대중이 필요 없었다. 그러다 종말론이 무너지자 그들의 집단 신념에 금이 가기 시작했다. 그리하여 그 신념을 지지해 줄 외부 지지자들이 필요하게 된 것이다. 페스틴저의 이 현장 연구 결과는 과학적으로 증명할 수 없는 신념은 군중 속에서 지지를 받아야 한다는 사실을 지적한다.

집단 신념에 관한 또 다른 예는 가이아나에서 발생한 '인민사원' 의 참극이다. 짐 존스(Jones, J.)라는 목사는 캘리포니아에서 새로운 종교운동을 벌였다. 구소련과 같은 집단농장에서 같이 일하고 신앙생활을 돈독히 하는 운동이다. 그러나 신도를 착취한다는 풍문이 돌자 존스는 가이아나로 많은 신도를 이주시켜 그곳에서 본격적으로 종교 활동을 벌였다. 그는 그곳에 천당을 건설하겠다고 설교했다. 그러나 집단농장에서 교인들을 착취한다는 소문이 다시 난무했고, 캘리포니아의 상원이 진상을 규명하기

인민사원 교주 짐 존스

위해 가이아나의 '인민사원'을 방문했다. 그리고 그곳에 불만을 가진 신도 18명을 비행기에 태워 캘리포니아로 향하려던 중 존스의 사주를 받은 테러스트들의 공격을 받아 모두 살해당했다.

존스는 천여 명의 신도를 모아놓고 이제 천국으로 갈 날이 도래했다고 설교했다. 그리고 모두 함께 하늘나라로 가자고 충동하고 교인들에게 청산가리를 탄 주스를 마시도록 강요했다. 이에 불복종한 일부 신도들은 존스의 심복에 의해 사살당했다. 그러나 나머지 900명 이상의 신도들은 서로 손을 맞잡고 노래를 부르면서 독약을 기꺼이 마셨다. 20세기 최악의 집단 자살극이었다.

집단 신념을 형성하고 유지하려면 집단적 압력이 필수

적이다. 즉, 집단에서 신념을 맹목적으로 따르라는 압력이 있어야 한다. 히틀러가 주장한 '게르만 민족의 우월성'은 독일 국민에게 크게 환호를 받았는데 국민에게 이를 지지하라는 집단적 압력이 있었기 때문이다. 제1차 세계대전의 패배로 독일은 연합국에게 엄청난 전쟁 피해보상금을 배상해야만 했다. 그래서 독일 정부는 엄청나게 많은 화폐를 찍어댔고 이에 물가는 나날이 폭등했다. 그 결과 독일 경제는 파탄 나고 독일 국민은 심한 좌절감에 빠졌다. 이때 히틀러는 독일 국민의 열등감을 이용했다. 즉, 독일 국민의 자존심을 되살리기 위해 히틀러는 자국민 우월주의를 부르짖었고, 이에 따라 맹목적 국수주의, 민족주의가 열화같이 일어났다. 이런 맹목적 집단 신념은 약 600만 명의 유태인 학살로 이어졌고 제2차 세계대전을 일으키는 계기가 되었다.

물론 집단 신념 모두가 다 이렇게 맹목적인 것은 아니다. 예컨대, 박정희 대통령의 '우리도 잘살 수 있다.'는 'can do spirit'은 당시 한국인에게 필요한 집단 신념이었다. 국민적 공감 속에서 그의 '잘살아 보세' 신념은 꽃을 피워 세계 경제사상 그 유래를 찾아볼 수 없는 연 10% 이상의 고도성장을 20년간 지속시킬 수 있었다. 박정희의 집단 신념도 국민의 공감대가 형성되지 않았더라면 성공할 수 없었을 것이다.

마지막으로 화제는 좀 달라지지만 종교라는 집단적 신념이 한국에서 계속 확산되는 이유는 무엇일까를 한번 생각해 보자. 이에 관해 많은 사람들이 각기 다른 추론을 한다. 어떤 사회학자는 우리 국민이 외국 사상과 문물에 깊은 관심을 가지고 있기 때문이라고 말한다. 또 어떤 심리학자는 우리 사회가 불안하기 때문이라고 해석한다. 불안한 사람 또는 사회일수록 전지전능한 신에 의탁하려는 심리가 강하기 때문이라는 것이다. 그러나 나는 한국 사회가 '집합적 사회(collective society)'이기 때문이라고 주장하고 싶다. 종교는 집합적 신념으로 집단 속에서 그 타당성을 보완받으려는 경향이 있다. 그런데 한국인은 다른 나라, 다른 민족보다 집합주의가 강하다. 즉, 한국 사회는 종교가 번창하기 좋은 토양을 제공하고 있다. 다음에는 이 집합주의에 관해서 이야기하기로 한다.

한국인의 집단 신념: 집합주의

한국인에게 두드러지게 나타나는 집단 신념은 무엇일까? 한국인만의 특유한 태도, 사고, 행동 특징은 무엇일까? 심리학자, 사회학자, 문화인류학자들이 가치관, 집합주의, 기타 외국학자들이 개발한 태도검사를 통해 한국인과 외국인 간의 가치관 차이를 비교한 바 있다. 이런 연구에서 나타난 결과를 간략히 정리해 본다.

한국인들은 수평적 인간관계보다는 수직적 인간관계를 지향하는 것으로 나타났다. 이런 가치관은 유교에서 임금과 부모를 공경하도록 가르친 전통에 기인한다. 더불어 유교는 가계 계승, 효, 가족 간의 유대를 강조해 한국인이 다른 민족에 비해 강한 집합주의적 신념을 갖게 만들었다.

많은 외국 사람들은 동양, 특히 한국이 집합적 문화(collective culture)를 지녔다고 말한다. 집합주의란 개인주의와 정반대되는 입장이다. 집합주의에서는 개인적 규범, 가치, 자유, 자율을 존중하기보다는 집단적 규범, 가치를 더 우선시한다. 즉, 집합주의에서 개인은 자기가 하고 싶은 대로 행동할 수 없고 집단의 눈치를 보고 행동한다.

그러나 한국인의 이런 집단 신념이 최근 급격하게 변모하고 있다. 직장에서 상사가 더 이상 부하에게 명령하고 감독하고 지배하지 않는다. 가정에서도 부모가 과거와 달리 가부장적인 고자세를 취하지 않는다. 부모가 자녀를 사랑하되 자녀의 인격을 존중하고 자율권을 배려하는 방식으로 자녀를 키운다. 내가 미국의 율만 등[11]과 몇 개 나라의 집합주의에 관해서 조사한 바, 한국 대학생들이 미국 대학생들보다 전반적으로 집합주의 점수가 높았다. 그러나 이 집합주의를 어떤 면에서 조사했는가에 따라 그 결과는 달랐다. 한국의 경우 가족과 관련해서는 미국에 비해 뚜렷한 집합주의를 나타냈다. 즉, 한국인은 가족을 믿고 의지하면서도 복종해야 할 존재로 간주했다. 그러나 친구나 이방인에 대해서는 한국인이 외국인보다 더 심한 개인주의를 나타냈다. 한국인은 친구를 대하는 태도가 오히려 미국인보다 더 개인주의적이었던 것이다. 왜 이런 결과가 나타났을까? 한국 대학생들이 어려서부터 친구와 심각한 학업 경쟁을 벌여 온 까닭이다.

한국인이 이방인에 대해 개인주의적인 태도를 갖는다는 것은 우리가 익히 짐작하던 바다. 한국은 단일민족에 같은 언어를 사용하고 유교의 강한 집합주의 교리에 따라 민족주의 신념이 강하기 때문에 외국인에 대해서는 배타적이고 차별적이다. 우리나라처럼 외국인에게 영주권 및 시민권을 부여하는 데 까다롭게 구는 나라가 또 있을까?

최근 농촌의 총각들은 신붓감을 구하지 못해 외국에서 신부를 데려온다. 그 수가 점차 늘어 그들에 대한 한국인의 관심이 점점 높아지고 있다. 이 기회를 통해 한국인이 이방인에 대해 개방적이고 포용적인 태도를 가지길 바란다.

물론 한국인의 집합적 가치관 중에서 가족 간의 강한 연대감은 우리가 자랑할 만한 집단 신념이다. 서구 사회는 일찍부터 가정이 쉽게 와해되어 왔다. 부부의 이혼율이 높고 자녀에 대한 책임감도 부족하여 부모-자녀 간의 관

계가 소원하다. 자녀들은 18세가 넘으면 부모로부터 독립하고 그 후 부모를 자주 찾지도 않는다.

이에 반해 한국 부모는 쉽게 이혼하지도 않고(최근 이혼율이 급격히 상승하고 있지만 아직은 범사회적 현상이 아니다) 자식에 대한 희생정신도 강하다. 특히, 한국 부모의 자녀에 대한 교육열은 세계적으로 유명하다. 그래서 한국의 가정은 굳건하고, 외국인은 한국의 가족주의 및 가족 간의 유대를 부러워하고 있다.

그러나 집합주의로 인한 부작용도 적지 않다. 한국에서는 부모의 아동 학대, 남편의 아내 학대 등이 빈번하게 발생한다. 더불어 학생들의 '왕따'도 문제가 된다. 물론 외국 학생들도 왕따를 하지만 이러한 현상은 집합주의가 강한 일본과 한국에서 더 두드러진다.

한국인의 집단 신념의 하나인 집합주의에는 장단점이 있다. 이에 장점은 살려나가면서 단점은 지양하고 개선해야겠다. 우리의 장점인 강력한 가족 간의 유대는 한류로 부상시켜 외국에 수출하자.

혈연주의

연고주의란 혈연, 지연, 학연을 토대로 한 집단 신념이다. 이제 이 절을 포함한 다음 세 개의 절에 걸쳐 연고주의와 관련해 한국인은 어떤 특징을 보이는 가를 살펴보기로 한다.

혈연주의라 함은 우리나라의 경우 같은 성씨로 맺어진 관계를 말한다. 같은 이씨라 하더라도 경주 이씨, 덕수 이씨, 한산 이씨 등으로 세분된다. 더 좁게 보면 혈연주의는 가문 또는 가계를 뜻한다. 한산 이씨 중에서도 문열공 파, 한경공 파 등으로 나뉜다. 같은 종씨는 족보를 편찬하고 문중회를 연다. 소위 종친회라는 모임을 만들어 조상의 발자취를 기리고 회원 간의 친목을 돈독히 하며 장학금을 지급하기도 한다.

외국의 혈연주의는 어떤가? 유럽의 왕국들에는 왕족 가문이 존재한다. 귀족도 물론 가문이 있기 마련이다. 조선 조에도 이 씨 왕족이 있었지만 이승만 대통령이 그들을 마땅치 않게 여겨 그 후손이 제대로 역할을 하지 못했다. 우리는 이씨 왕족이 누구고 어디에 살고 있는지조차 모른다.

미국의 경우는 이민자로 구성된 나라이기 때문에 왕족
이 없다. 대신 재벌 가문이 존재하는데 록펠러 가문, 듀폰
가문, 포드 가문 등이 그 예다. 이 가문들은 몇 대에 걸쳐
재벌을 유지해 왔다. 그래서 일반인들은 이들 가문을 인
정하고 자기들을 그들과는 다른 존재라고 생각한다. 여러
재벌 가문은 교류를 통해 재벌 간 통혼을 장려하므로 가
문이 영속될 가능성이 높다. 최근에 이르러 한국에서도
재벌 간의 결혼이 자주 이루어지고 있다.

혈연주의는 필요한가? 우리의 과거를 돌아보면 사실 이
득보다는 해가 많았다. 예컨대, 왕의 부인으로 누가 간택
되는가에 따라 어떤 종씨는 득세를 하고 어떤 종씨는 멸
망한다. 또 씨족 간의 정치적 알력도 심했다. 우리는 대원
군과 민비 간의 반목 때문에 이 씨 왕국이 쇠망의 길을 걸
었던 것을 잘 알고 있다. 민비는 대원군 세력에 맞서 자기
가문을 중신으로 발탁했고 그들이 대원군과 치열한 정권
다툼을 벌였던 것이다.

지금은 어떤가? 아직도 혈연주의가 과거와 같은 부작용
을 낳고 있는가? 지방에서는 종친회 활동이 활발해 선거
에까지 개입하고 있는 실정이다. 그러나 서울과 같은 대
도시에서는 종친회가 영향력을 크게 잃고 있다. 특히, 젊

은 세대에서는 같은 종씨로서의 연대감과 가문의 중요성이 크게 상실되고 있다. 아마 이런 현상은 더욱 가속화될 것이다. 젊은 층은 집합주의보다 개인주의를 더욱 선호하고, 우리 사회도 집합주의보다는 개인주의 사회로 나아가기 때문이다. 따라서 오늘날 우리는 혈연주의의 부작용을 크게 염려할 필요는 없다.

그러면 과연 혈연주의의 장점은 없는가? 나는 혈연주의가 너무 완고하여 다른 문중이나 씨족에 대한 차별로 발전되지 않는다면 어느 정도 장려할 만한 집단의식이라고 생각한다. 내가 속한 한산 이 씨 종친회를 한번 예로 들어 본다. 한산 이 씨는 고려말 삼은(三隱)의 한 사람인 목은 이색의 후손이다. 종친회에서는 각종 모임을 개최한다. 이색의 학문 세계에 대한 심포지엄도 열고 이색을 연구하는 학자에게는 연구비도 지원한다. 특히, 최근 한산 이 씨 교수회의가 결성되었다. 한산 이 씨는 정치가나 군인, 사업가가 드문 대신 교수들이 많다. 한 교수는 국내의 종씨 중 그 인구수를 감안해 교수의 비율이 제일 높은 성씨가 바로 한산 이 씨라고 말한다. 이는 목은 이색이 높은 학자인 데에서 기인한 것 같다.

한산 이 씨 교수회의에서는 청소년들에게 목은의 생가

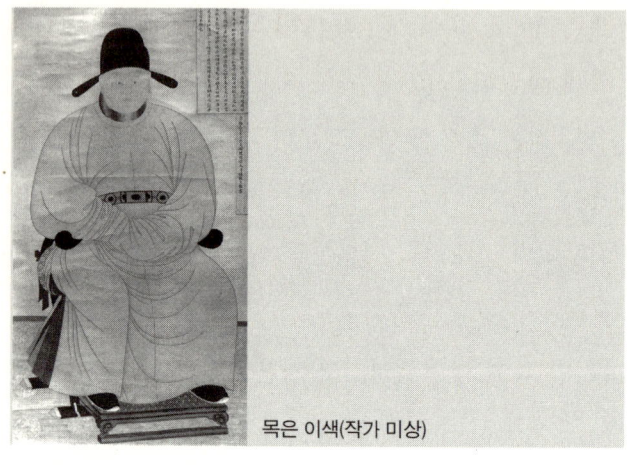

목은 이색(작가 미상)

를 방문하고 그의 업적을 기리는 방학 연수 프로그램을 실시한 바 있다. 그리고 전국의 한산 이 씨 교수들을 모아 송년 파티를 가졌다. 서로 면식은 없었지만 같은 종씨라 는 점에서 친근감과 유대감을 느낄 수 있었다. 주로 교수 중에 경사가 생길 때, 예컨대 학술원 회원이 되거나 큰 학 술적 업적을 내었을 때 통문을 내어 축하하는 자리를 마 련한다. 우리는 어떤 정치적 목적이나 사회적 압력단체로 이 교수회의를 마련한 것이 아니다. 다만 우리의 뿌리가 누구이고 그들이 어떤 업적을 이루었는가를 살펴보자는 지극히 단순한 혈연주의의 발로다.

이 교수회의에서 아이디어를 얻어 나는 최근 우리 가문

되살리기 작전에 나섰다. 나의 친형제자매들은 수시로 만난다. 부모님의 제사와 명절 그리고 시제 때는 한 사람도 빠지지 않고 모인다. 그러나 전에 절친하게 지냈던 사촌과 오촌과는 최근 왕래가 드물다. 물론 조카들의 결혼식이나 사촌들의 장례식은 꼭 참석하여 만나지만, 장례식장이나 결혼식장은 시공간적 제약이 있고 또 모임의 성격 때문에 서로 만나 장시간 회포를 풀기에는 적당하지 않다. 그래서 내가 사촌형님의 장례식장에서 조카들에게 '광희동 한산이 씨' 문중회를 갖자고 제안했다. 사촌들이 모두 중구 광희동에서 옹기종기 모여 살았고 최근 30년 전까지만 하더라도 아주 친하게 지냈기 때문이다. 그러나 그 후 사촌들이 뿔뿔이 흩어지고 사회가 점차 바빠지다 보니 서로 왕래할 기회가 없었다. 이제 자손이 늘어나 조카의 이름과 얼굴도 잘 기억하지 못해 길가에서 만나도 서로 알아보지 못할 정도가 되었다. 그래서 이런 제안을 한 것이다.

나의 제안을 사촌 및 조카들이 흔쾌히 받아들여 일 년에 네 번, 즉 세 달에 한 번씩 만나기로 했다. 그리고 벌써 두 차례 모임을 가졌다. 오랜만에 만나니 옛날에 있었던 재미있는 에피소드를 나누느라 시간 가는 줄 몰랐다.

나는 혈연주의의 아주 말단 조직인 가족주의를 한국의

미덕으로 간주하고 싶다. 외국 사람은 우리가 설이나 추석에 자기 고향을 찾아 민족 대이동을 하는 것을 신기하게 생각한다. 그러나 그 목적을 전해 듣고 나서는 굉장히 부러워한다. 물론 미국에서도 가족끼리 만나는 경우가 있다. 크리스마스에는 고향의 부모를 만나 같이 지내는 것이 하나의 관습이다. 그렇다 해도 미국의 집안 행사는 우리보다 횟수가 적고 또 가족 구성원들이 가족에 대해 깊은 연대감이나 소속감을 갖고 있지 않다. 그래서 크리스마스에 부모를 꼭 만나는 자녀가 그리 많지 않다.

가족주의는 산업화 과정에서 점차 그 의식이 희미해져 가고 있다. 그러나 나는 가족주의가 우리나라 국민에게 부족한 집단 결속력을 지탱해 주는 큰 역할을 한다고 본다. 또 우리나라에는 아직 사회보장제도가 확립되어 있지 않다. 그래서 가족 간의 유대는 열악한 우리의 사회보장제도를 보완하기 위해서도 필요하다. 박정희 대통령 시절 외국의 문화인류학자가 지방의 한 산업 공단을 찾아 그곳에서 일하는 한 여직공과 면담을 했다. 월급이 얼마인가? 월급을 타서는 무엇을 하는가? 이 질문에 여공은 한 달에 100달러 미만을 받는데 그중 20%는 자기 용돈으로 쓰고 나머지는 고향의 가족들을 위해 송금한다고 말했다. 이

말을 들은 문화인류학자는 깜짝 놀랐다. 가족을 위해 희생하는 한국인의 인정이 너무나 아름다웠기 때문이다. 가족주의가 한국의 빈한한 가계에 큰 도움을 주었음을 부인하는 한국인은 아무도 없을 것이다.

결론적으로 연고주의의 하나인 혈연주의는 우리나라가 자랑할 수 있는 집단주의다. 물론 이로 인한 부작용이 전혀 없다고 말할 수는 없지만 실보다는 득이 많다는 것이 나의 추론이다. 다시 강조하건대, 한국의 가족주의를 한류로 부상시켜 서구에 수출하도록 하자.

학연주의

학연이란 학벌을 중요시하는 풍조를 말하는 개념이 아니다. 같은 학연을 중심으로 연대감을 갖고 서로 공조하는 태도다. 과거 우리나라에서 학연은 굉장히 맹위를 떨쳤다. 과거 학연은 유명한 학자들과 그 밑의 제자들로 이루어진 파벌을 말한다. 이퇴계 학파니 송시열 학파니 하는 학연이 있었다. 과거 우리나라에서 학연은 흔히 정쟁의 근원지가 되었다. 따라서 학연은 득보다 실이 더 많았던 것 같다.

최근에 와서는 과거와 같은 학연은 존재하지 않는다. 유명한 학자들의 학문적 패러다임에 동조하는 학파가 국내에 별로 없기 때문이다. 우리가 최근에 말하는 학연은 초·중·고등학교나 대학에서의 동문 관계를 말한다.

가끔 매스컴에서 주요 공직자를 학교 출신에 따라 분류하여 어떤 학교 출신이 더 많이 출세했는가를 보도하는 것을 본다. 이 경우 초등학교는 빠지고 고등학교와 대학교만을 대상으로 한다. 그래서 서울에는 경기고, 지방에는 경북고, 광주고 등이 한국의 엘리트를 많이 배출했다고 지적한다. 대학으로 따지면 압도적으로 서울대 출신이 많다.

학연은 흔히 사이비 종교 집단과 같이 자기 동문 회원을 무조건 존중하고 서로 의지하면서 반대로 다른 동문을 차별하여 문제가 된다. 먼저 부정적인 면을 살펴보자. 어느 대학의 교수를 뽑을 때 능력이 아닌 학연이 작용할 수 있다. 즉, 능력보다 자기 대학 후배를 뽑으려는 경향이 한국 대학 사회에서는 농후하다. 예를 들어, 서울대의 교수진을 보면 자기 대학 출신이 90% 이상을 점한다. 이는 다른 사립 대학도 마찬가지여서 최소한 70% 이상이 본교 출신이다.

동물의 경우 동종 교배는 장애가 발생될 확률을 높인다. 학연으로 인한 동종 교배도 마찬가지다. 같은 교수 밑에서 또는 같은 패러다임을 가진 학과에서 공부한 사람이 한 대학이나 한 과의 대다수를 차지한다면 그 대학이나 과가 정상적인 발달을 기할 수 없다. 서로 다른 패러다임, 서로 다른 학문적 배경을 가진 사람들이 모여 치열하게 경쟁하는 풍토에서만 학문이 발달할 수 있다. 우리나라 대학이 세계 100위권 안에 들어가기 위한 첫째 조건은 무엇보다도 교수의 동종 교배를 퇴치하는 것이다.

내 경우에는 학연에 대한 의식이 별로 없다. 교수가 되기 전 국가기관 및 연구기관에서 근무한 적이 있었지만 학연이 그렇게 문제가 되지는 않았다. 나는 서울대 문리과 대학을 졸업했다. 그런데 내가 졸업할 당시인 1960년대 초반에 서울대 총 학생 수는 1만 2,000명이나 되었다. 문리과 대학의 경우 학과 수도 많아 학교의 생활은 과 중심으로 이루어졌다. 따라서 나는 문리과 대학이나 서울대 동문으로서의 학연 의식이 흐릿하다. 만일 어떤 서울대 후배가 연구소에 입소해서 나에게 찾아와 "제가 서울대 후배입니다."라고 말했다면, 아마 그가 심리학과 후배가 아닌 이상 나는 건성으로 "아, 그래요……." 하는 정도로 끝냈을 것이다. 그리고 그를 금방 잊어버렸을 것이다. 왜 냐하면 동문 의식, 동창 의식을 전혀 갖고 있지 않았기 때 문이다.

학연이 자기 동문을 편애하고 타교 출신을 냉대하는 차 별로 이어지지 않고 순수한 친목회가 된다면 앞에서 말한 혈연의 경우처럼 별로 부작용이 없을 것이다. 나는 매년 열리는 연고전을 어느 한 면에서는 부러워한다. 신입생들 은 연고전에서 고등학교 때 가졌던 모든 스트레스를 완전 히 풀어 버릴 수 있었다고 흥분하며 말한다. 연고전을 통 해 연대생으로서의 자부심과 긍지를 맛볼 수 있었고 학교 사랑이 싹텄다는 것이다. 그런데 불행하게도 나는 그런 카타르시스나 긍지를 한 번도 느껴 보지 못했다. 연고전

이 어느 정도로 연세대와 고려대 출신에게 큰 의미를 갖게 하느냐 하는 것은 해외에서도 연고전이 벌어진다는 사실로 잘 알 수 있다. 미국이나 독일에 교환교수로 갔을 때 나는 뉴욕, 로스앤젤레스, 프랑크푸르트, 베를린 등지에서 연고전이 벌어지는 것을 보았다.

학연 의식이 가져다주는 또 다른 장점은 학교에 대한 끊임없는 애정이다. 이러한 애정은 장학금의 기탁, 학교 발전을 위한 성금, 여타의 봉사 활동으로 발전한다. 우리나라의 유수한 대학이 매년 동문으로부터 엄청난 기부금을 거두어 들일 수 있는 것은 우리나라의 높은 학연주의 때문이다.

외국의 경우는 어떤가? 영국의 경우 옥스퍼드, 케임브리지 대학은 귀족들이 다니는 명문 사학으로 학연을 중요시한다. 영국의 정치계, 금융업계 그리고 군 장성은 이들 두 대학 출신이 독점하고 있다.[12] 그러나 그들이 타 대학 출신을 차별하고 동문을 편애해서 이런 결과를 가져온 것은 아닐 것이다. 옥스브리지(옥스퍼드와 케임브리지를 일컫는 합성어) 출신들이 워낙 출중해서 자연스럽게 발탁되었다고 생각된다.

우리나라에서는 학연이 문제가 되는 경우를 자주 본다.

예컨대, 앞서 말한 바와 같이 교수의 임용에서 학연이 작용하고 있다. 그리고 각종 사회조직에서 학연이 영향을 미쳐 중요 인사의 발탁이나 승진에 영향을 줄 수 있다. 외국의 경우는 어떤가? 자세히는 몰라도 우리나라처럼 학연이 맹위를 떨치지는 않는다. 최소한 내가 잘 아는 외국의 대학 사회는 그렇지 않다. 그랬다가는 그 대학은 조만간 삼류 대학으로 전락하기 마련이기 때문이다. 미국의 하버드 대학은 본교 출신이 30% 이상 넘지 않도록 하는 불문율이 존재한다고 한다. 다른 대학에서 열심히 가르친 유능한 학자를 공짜로 모셔오는 것이 여러모로 유리하기 때문이고, 동문들이 서로 요직을 차지해 학교 발전을 해칠 가능성을 차단할 수 있기 때문이다.

나는 학연도 좋은 식으로 발전시킬 수 있다고 생각한다. 또 어떤 면에서는 학연을 좀 더 장려할 필요가 있다고 생각한다. 예컨대, 영국의 귀족들은 평민에게 사랑을 받지 절대로 냉대를 받지 않는다. 그 이유는 무엇인가? 귀족들은 자신들이 엘리트라고 생각하고 자신들만의 행동 규범을 만들어 스스로를 엄격히 관리하기 때문이다. 영국의 귀족들은 전쟁이 벌어지면 제일 먼저 자원 입대하여 국민의 귀감이 되고 국민의 사랑을 받는다. 병역을 회피하는 한국의 엘리트들과는 큰 차이가 있다.

　한국의 학연주의는 영국 귀족들의 엘리트 정신과 같은 것으로 승화되어야 한다. 서울대, 연세대, 고려대 출신들은 한국의 최고 지성인이자 엘리트임에 틀림없다. 그런데 이 엘리트 정신이 본교 출신에 대한 편애, 타교 출신에 대한 배타로 나타나지 않고 나라와 국민을 위한 엘리트 정신으로 승화되어야 한다. 본교 출신에서 위대한 정치가, 세계적인 기업가가 배출되도록 서로 격려하고 집안 단속을 해야 한다. 이것이 진정한 학연이고 자신의 모교를 더욱 빛나게 하는 동문 의식이다.

지연주의

　한국에서는 지연주의가 세 가지 연고주의 중 가장 문제가 많다. 즉, 우리 사회에서는 출신지에 따른 편견과 차별이 심하다. 한국심리학회 심리학자들의 연구에 따르면 도별로 고정관념과 편견 등이 있지만 가장 심한 것은 전라도 출신에 대한 나머지 도 출신들의 편견이다.[13] 연고주의란 편견을 토대로 자신과 같은 지역 출신의 사람에게는 호의적으로, 반대로 자신이 싫어하는 지역 출신의 사람에게는 비호의적으로 차별화하는 태도를 말한다.

고홍화[14]는 한국인의 지역감정을 나타내는 여러 실례를 매스컴 등 다양한 출처를 통해 수집했다. 그가 수집한 자료에는 다음과 같은 실화가 나온다. 1940년대 말 한 전라도 출신의 학생이 서울로 유학을 왔다. 그 부모는 자식을 대신해 서울 근교에 하숙방을 계약했다. 그런데 부모가 자식과 함께 이삿짐을 가지고 하숙집으로 들어가려 하니 주인이 방이 다 찼다고 못 들어가게 했다. 학생의 부모가 이미 계약금을 치렀다고 말하자 주인은 그것을 되돌려 주었다. 하숙을 거부당한 이유를 알게 된 부모는 큰소리로 울부짖었다. "그러는 것이 아니요. 전라도 사람이라고 방을 안 주다니. 세상에 이런 법이 어디가 있소."

역사학자들은 한국인의 전라도 사람에 대한 차별은 그 역사가 오래되었다고 한다. 고려 왕건과 후백제 견훤의 치열한 권력투쟁에서 생긴 적개심부터 시작된 것이다. 왕건은 전라도 지방을 평정한 견훤과 힘든 싸움을 벌였고, 그 결과 전라도 사람을 관직에 등용하지 말라는 내용을 담은 '훈요십조'를 유언으로 남겼다. 이 유언이 시대가 변함에 따라 일반인에게도 전라도 사람은 믿을 수 없다는 식의 고정관념으로 탈바꿈하고 구전된 것이다.

한편, 송복[15]은 한국인의 전라도 사람에 대한 부정적 고정관념에 관하여 전라도의 경제 하류층이 지주의 착취를 피해 오랜 세월에 걸쳐 서울로 전입하여 당시 서울에 거주하던 사람과 교류하면서 얻은 평판에 기인한 것이라는 흥미로운 가설을 제안하고 있다. 그에 따르면 그들은 대개 고향에서 살기 어려운 경제 하류층이었고, 서울 사람들이 이런 하류층과의 관계를 통해 전라도 사람에 대한 부정적인 시각을 얻게 되었다는 것이다.

지역감정은 제3공화국에 들어서서 전라도와 경상도 간의 알력으로 발전했다. 경북 출신인 박정희 대통령이 경상도 사람을 중용하고 경상도를 산업화한 반면에 전라도와 전라도 사람에 대한 배려는 소홀히 한 데에서 두 도 간의 알력이 심화되었다. 그리고 전두환 정권 때 광주민주화운동이 발생하고 그에 따라 많은 사상자가 속출하면서 두 도 간의 갈등이 최고조에 달했다.

그러나 아무리 갈등의 역사가 깊다고 해도 세월이 지나면 잊혀지게 마련이다. 특히, 젊은 세대들은 기성세대와는 달리 지역감정에 초연하다. 그렇다면 어떻게 이런 지역감정이 아직 우리 사회에 팽배하고 있을까? 우선 가정

에서의 부모에 의한 영향이 있을 수 있다. 즉, 부모가 직간
접적으로 자식에게 타도에 대한 편견을 심어 줄 수 있다.
김혜숙[16]은 대학생의 영호남에 대한 편견을 조사했다. 연
구에서는 우선 서울 태생이되 부모가 경상도 출신인 대학
생 집단은 서울-경상 부모집단으로, 서울 태생이되 부모
가 전라도 출신인 대학생 집단은 서울-전라 부모집단이
라고 칭했다. 그리고 두 집단의 대학생과 전라도와 경상
도 지방 대학생들의 영호남에 대한 편견을 조사했다. 그
결과 서울-경상 부모집단 대학생들의 고정관념은 경상도
대학생들과 아주 유사했고, 서울-전라 부모집단 대학생
들의 고정관념은 전라도 대학생들과 매우 유사했다. 즉,

그들은 각각 자신의 부모의 출신 도민만을 긍정적으로 지각하고 상대방 출신 도민은 나쁘게 지각하였다(다만 그들의 추정치는 부모의 고향 출신의 대학생보다는 덜 극단적이다.). 이러한 결과는 우리의 고정관념은 일부 부모로부터 학습된 것임을 시사한다.

부모의 영향만이 대학생의 영호남 갈등을 조장하는 것은 아닐 것이다. 사람은 자신이 가진 편견을 긍정하는 식으로 사물을 지각하고 판단하는 경향이 있는데 이런 모든 것이 영향을 줄 것이다. 예컨대, 경상도 사람은 전라도 사람 중 신뢰할 수 없는 사람을 만나면 '그러면 그렇지! 전라도 사람은 믿을 수 없어.'라고 자신의 편견을 공고히 한다. 반대로 전라도 사람 중에 신의가 있는 사람이 있으면 그 사람은 예외로 규정하거나 이런 사례를 아예 무시한다.

우리는 어떤 신념을 갖고 있을 때 자기의 신념을 지지하는 증거를 더 찾고자 하는 경향이 있다. 심리학에서는 이를 확인편파(confirmatory bias)라고 한다. 위의 예는 확인편파의 좋은 예가 된다. 우리의 신념이 어떤 식으로 형성되고 유지되는가는 이 책의 '신념의 검증' 편에서 자세히 다룰 것이다.

외국의 경우 지연주의 및 지역감정의 현실은 어떤가? 우리처럼 그렇게 심각하지는 않지만 미국도 지역감정이 존재한다. 한 재미있는 예가 있다. 캘리포니아의 스탠퍼드 대학은 동부의 하버드 대학이라는 별명을 가질 정도로 일류 대학이다. 그런데 이 대학이 설립된 동기는 지역감정 때문이었다. 캘리포니아의 재벌인 스탠퍼드가 아들을 하버드 대학에 입학시키려 했다. 그는 하버드 대학의 총장을 만나 거금을 기부할 터이니 자기 아들을 입학시켜 달라고 간청했다. 그러나 하버드 대학 총장은 이를 거절했다. 서부의 무식한 촌사람이 돈 좀 벌었다고 돈으로 하버드를 사려 한다고 생각했기 때문이다. 무안을 당한 스탠퍼드는 서부로 돌아와 하버드보다 더 유명한 대학을 만들겠다고 결심했다. 자기의 전 재산을 투자해 스탠퍼드 대학을 설립하고 유명한 교수를 스카우트해서 스탠퍼드 대학을 하버드 대학에 버금가는 일류 대학으로 키운 것이다.

과거 미국의 동부인들은 대개 서부인들을 폄하했다. 동부인들은 서부인들이 개척자 집단이지 일등 국민이 아니라고 생각한다. 특히, 보스턴 사람들은 보스턴이 미국의 문명 발상지라고 자부하기 때문에 콧대가 매우 높았다. 한편으로 미국의 남부와 북부 간의 대립도 한때는 심각했다. 노예제도를 둘러싼 미국 남북부 간의 견해 차이로 남북전쟁이 발발했고 그 후유증은 오래 갔다. 그러나 오늘날 미국의 지역감정은 많이 해소되었고 한국에 비하면 사소한 정도다.

한국은 국회의원 선거나 대통령 선거에서 후보자의 출신지가 어디냐에 따라 투표권자의 투표 행동이 달라진다. 예컨대, 한나라당의 후보자는 경상도에서 압도적으로 당선되고, 열린우리당의 입후보자는 호남에서 압승한다. 이는 대통령 선거에서도 마찬가지다.

한국의 지역감정이 비단 투표에서만 나타나는 것은 아니다. 사회조직은 물론 일반인들의 사생활에서도 그대로 반영된다. 15년 전 나는 연세대 경영대학에서 운영하는 관리자 교육에 참여한 적이 있다. 교육을 하기 위해 강단에 서보니 교탁 위에 참가자의 명단, 직위 그리고 출생지가 기록되어 있는 참가생 신원서가 놓여 있었다. 그런데 놀라지 않을 수 없었다. 그 회사의 간부 직원 40명 모두가 같은 도 출신이었다.

일반인들이 혼사를 맺을 때도 상대방 집안의 출생지를 따지는 사람이 적지 않다. 그래서 아무리 자식들이 서로 사랑한다 하더라도 사돈 자리가 자기가 싫어하는 지역 출신이라면 거절하는 경우가 흔하다.

한국 사회 전반에 팽배한 지역감정은 갈등을 증폭시키고 국민 대단합을 저해한다. 더욱이 지역감정은 개인이나 사회조직에서 은밀하게 작용하는 것이 아니라 국가의 지도자를 뽑는 데까지 큰 악영향을 미친다. 이는 국가 발전에 큰 장애가 된다. 우리가 정치 지도자를 능력에 따라 선출하지 않는다면 선진국 대열에 절대 진입할 수 없는 것은 자명하다.

따라서 우리는 우리의 고질적인 지연주의, 지역감정을 심각하게 받아들이고 이를 어떻게 해소할 것인가를 골똘히 생각해야 한다. 우선 정치 지도자들은 지역감정을 부추겨 당리 당략에 이용하지 말아야 한다. 국민들은 지역감정에 편승하고 이를 악용하는 정치 지도자를 절대로 뽑아서는 안 된다. 그리고 부모들도 지역감정을 버리고 자식들이 출신지에 대한 편견을 갖지 않도록 조심해야 한다. 부모의 지역감정과 편견이 자식에게 그대로 전수되기 때문이다.

더불어 우리는 지역감정과 편견이 어떻게 형성되고 유지되는가 그리고 왜 지연주의가 쉽게 해소되지 않는가에 대해 잘 연구하고 그 대책을 마련해야 한다. 다음 '신념의 형성' 편에서 이를 구체적으로 살펴볼 것이다.

3

신념의 형성

3

신념의
형성

신념의 형성

우리의 신념은 다양한 방법으로 형성된다. 앞서 '대처리즘' 편에서 우리는 마가렛 대처가 어떤 방식으로 굳건한 정치경제적 신념인 '대처리즘'을 형성해 왔는가를 살펴보았다. 그 결과 그녀의 성장 환경, 학교교육, 직장 경험, 사회생활, 정치적 편력 등 모두가 그녀의 신념에 밑바탕이 되었음을 알게 되었다.

그렇다. 우리의 신념은 여러 가지 경로를 통해 형성된
다. 그런데 신념이 형성되고 유지되는 것을 설명할 수 있
는 하나의 심리학적 이론이 있다. 그것은 강화이론이다.
이를 쉽게 설명하기 위해 운동선수의 징크스라는 것을 예
로 들어 보자.

운동선수에게는 저마다 징크스가 있다. 어떤 선수는 시
합 전에는 수염을 깎지 않고 목욕도 하지 않는다. 또 어떤
야구 선수는 타석에 들어서기 전에 항상 모자를 고쳐 쓰곤
한다. 왜 이런 징크스가 생겼을까? 그것은 그런 행동이 강
화를 받았기 때문이다. 그 운동선수가 슬럼프에 빠져 타율
이 급격히 떨어지고 있었다. 그러다 타석에 들어서 우연히

모자를 한 번 고쳐 쓰고 배트를 휘둘렀더니 안타가 터졌다. 이에 그 선수는 모자를 고쳐 쓴 것이 강화를 받게 된다. 그래서 그 다음부터 타석에 들어설 때마다 자기도 모르게 모자를 고쳐 쓰게 되는 것이다.

우리가 어떤 신념을 형성하고 그것을 간직하는 것은 대부분 강화를 받기 때문이다. 강화란 학습심리학에서 발견한 가장 위대한 원리 중의 하나다. 학습심리학자 스키너(Skinner, B. F.)는 유기체는 자기가 한 행동이 강화를 받으면 그 행동을 자주 하게 된다는 이론을 밝혔다. 이 강화이론은 우리의 태도 및 행동이 어떻게 형성되는지를 잘 설명해 준다.

우리가 공부를 열심히 하는 이유는 그에 대한 보상이 있기 때문이다. 공부를 열심히 하면 우선 부모가 칭찬해 준다. 또 좋은 학교에 들어갈 수 있다. 그래서 우리는 공부를 열심히 해야 한다는 신념을 지니게 된다.

우리가 신념을 형성하고 유지하기 위해 반드시 어떤 행동을 하고 그에 대해 보상을 받아야 할 필요는 없다. 예컨대, 우리는 직접 자동차 사고를 당하거나 집에 불이 일어나 보험회사로부터 보상을 받아야만 보험에 가입하지는 않는다. 남들이 그런 경우를 당하는 것을 지켜봄으로써 보험의 중요성을 인식하여 보험을 든다. 따라서 관찰 학습, 남의 조언, 책 등에서 정보를 얻어 우리가 우리에게 보상을 줄 것 같은 신념을 스스로 확립한다. 그렇기에 우리에게 좋은 모범이 될 친구, 교사, 영웅이 우리 곁에 있으면 우리는 자기도 모르게 훌륭한 신념을 형성하게 된다. 공짜로 말이다.

이 책의 서론에서 말했던 것처럼, 좋은 신념을 구축하면 우리는 우리의 안전을 책임져 주는 나침반을 갖는 것과 진배없다. 그런데 우리가 가진 신념이 모두 이렇게 확실하고 신빙성 있고 타당한 것만은 아니다. 앞에서 운동선수의 징크스에 관해 설명했다. 그런데 과학적으로 말한다면 운동선수의 징크스는 미신에 불과하다. 즉, 타석에 들어설 때마다 모자를 고쳐 쓰는 것하고 안타를 때리는 것하고는 사실 아무런 연관이 없다. 그렇지만 우리는 강화를 받았기 때문에 자기도 모르게 그런 미신 행동을 습관화하는 것이다.

또 우리는 스스로 잘못된 신념을 제조하기도 한다. 며칠 전 모 방송의 한 프로에서 어떤 사람이 하루에 세 번 이를 닦는데 그때마다 2시간씩 이를 닦았다. 그 사람이 식사를 하는 데 걸리는 시간은 20분도 채 안 된다. 그런데 밥을 먹은 후 화장실에 가 이를 두 시간씩이나 닦는 것이다. 리포터가 그에게 왜 그리 오래 이를 닦느냐고 물으니 치아가 건강해야 오래 살기 때문이라고 대답했다. 리포터는 그를 치과에 데리고 가서 검진을 받게 했다. 치과 의사는 그의 치아가 치석도 없고 깨끗하다고 칭찬했다. 그러나 그의 잇몸이 많이 손상되고 치아도 많이 마모되어 이가 모조리 빠질 가능성이 높다고 경고했다. 의사는 그에게 밥은 2시간 가량 천천히 들고 칫솔질은 2~3분 내에 끝내라고 주의를 주었다.

우리 모두는 한두 가지 잘못된 신념을 갖고 있다. 이런 신념은 우연히 보상을 받아서, 또는 위의 이를 오래 닦는 사람의 경우처럼 어떤 이론을 확대하거나 잘못 해석해서 지니는 경우가 많다. 따라서 우리는 자신의 신념과 습관이 올바르고 합리적이고 과학적인가를 항상 검토할 필요가 있다.

아무리 우리가 훌륭하다고 판단한 이론을 토대로 어떤 신념을 구축했더라도 그 신념이 후에 잘못된 것으로 밝혀지는 경우는 허다하다. 한 예를 들어 보자. 과거 우리 부모들은 자녀를 엄하게 다루었다. 칭찬을 하면 자식을 망친다는 것이다. 그런데 심리학사를 뒤적여 보면 이는 미국의 행동주의가 유행할 때 생긴 에피소드임을 알 수 있다. 미국 행동주의 심리학의 대가인 왓슨(Watson, J.)은 자녀를 마치 군대에서 훈련시키듯 양육하라고 충고했다. 즉, 자녀에게 사랑을 쏟지 말고 자녀가 잘못하면 엄하게 꾸짖으며 모든 행동의 지침을 정해 주고 이를 따르도록 명령해야 한다고 주장했다.

그러나 프로이트의 욕구좌절이론이 발표되면서 미국의 자녀 양육 방법에 일대 혁신을 가져왔다. 즉, 프로이트는 행동주의의 군대식 양육 방법은 자녀를 주눅들게 하고 정서적 문제아로 만드는 부작용이 있다고 경고했다. 이에 따라 미국의 자녀양육법은 민주주의식으로 급변했다. 내가 미국의 자녀양육법의 변천사를 여기서 언급한 이유는 우리가 올바른 신념을 갖기 위해서는 부단히 노력해야 한다는 것을 강조하기 위해서다. 아무리 자기가 유식하고 공부를 많이 했어도 과거 지식은 오늘날 무용지물일 수 있다. 세상은 하루가 다르게 바뀌고 새로운 연구 결과가 탄생하고 있다. 이에 따라 우리의 과거 지식은 가짜가 될 수 있다.

그러나 인간의 태만과 인간 자체가 갖는 한계점 때문에 우리는 자기가 지닌 신념을 금과옥조로 간주하고 일생 고

수하는 수가 많다. 그래서 패가망신하거나 남에게 큰 피해를 줄 수 있다. 다음에서는 더 본격적으로 우리가 과거 신념에 집착하게 되는 심리학적 이유를 살펴보기로 한다.

신념의 유지

일단 형성된 신념은 바꾸기가 어렵다. 우리가 지닌 신념이 옳지 않은 것으로 밝혀진다 해도 그렇다. 이를 잘 설명한 예가 바로 이태의 『남부군』이다. 이 소설의 주인공인 이현상은 지리산 빨치산 대장이었다. 많은 인텔리층이 6·25 전쟁 전 공산주의자가 되었다. 이현상을 위시한 그의 친구들은 당시 대학 출신의 인텔리로 공산주의자가 되었고, 1·4 후퇴 때 북으로 퇴각하지 못하고 지리산으로 숨어들었다. 그러나 경찰의 끊임없는 색출 작전에 지리산 공비들은 하나둘씩 생포되었다. 끝내 이현상도 체포되어 오랜 감옥생활을 하게 되었다. 그러나 그는 절대 전향하지 않았다. 그의 친구들은 일찌감치 전향을 했고 그러기를 바랐다. 그래서 그를 만나 다음과 같이 설득하였다.

"이 형! 이제 그만 전향하지 그래. 우리가 김일성한테

속은 것이야. 김일성은 우리보러 남한에 남아 빨치산 운동을 전개하라고 했지만 그것은 사실 우리를 괴멸시키기 위한 수법이었네. 한국은 베트남과 달리 정글도 없고 겨울 추위는 너무 혹독하네. 그러니 빨치산 운동은 실패할 수밖에 없지. 김일성이가 우리에게 지리산에 남아 혁명운동을 계속하라고 명령한 것은 사실 자신의 정치적 위치가 위태롭기 때문이었네. 우리가 월북하고 북한이 먼저 전쟁을 도발하고 무모한 전쟁을 일으켰다는 사실이 밝혀질까 봐 우리를 지리산에 꽁꽁 묶어둔 걸세."

이 말을 곰곰이 들은 이현상은 그의 신념을 꺾었을까? 그렇지 않았다. 그는 다음과 같이 그 이유를 설명했다.

"나도 김일성이한테 우리가 속았다는 것은 인정하네. 그렇다고 나는 공산주의도 김일성도 부정할 수 없네. 그 이유는 간단하네. 나는 지금까지 공산주의를 유일한 정치적 신조로 간주하고 살아왔네. 만일 내가 지금 와서 공산주의를 부정한다면 그것은 지금까지 살아온 내 인생을 스스로 부정하는 것이나 다름없네. 그러므로 나는 죽을 때까지 공산주의자로 남아 있을 걸세."

이현상의 이 같은 진술은 우리가 깊게 믿어온 신념이 그릇된 것으로 판명된다 하더라도 우리가 그것을 쉽게 버릴 수 없는 이유를 잘 설명해 준다. 우리가 굳게 믿고 오랫동안 의지해 살아왔는데 그 신념을 부정하면, 그것은 나의 인생을 부정하는 것이고 그것처럼 나에게 상처를 주는 것은 없다. 그러므로 아무리 나의 신념이 그릇되었다 하더라도 나의 자존심, 내가 지금껏 기울여 온 공이 아까워 신념 변화를 거부할 수밖에 없는 것이다.

한편, 우리가 지닌 신념은 이를 지지하는 행동을 자주 행함으로써 더욱 공고해진다. 월남전 때 미국 육군사관학교 출신인 켈리 중위가 밀라이촌에서 민간인을 학살한 혐의로 군사재판에 넘겨졌다. 켈리 중위는 상관에게서 밀라이촌에는 베트콩이 많으니까 깡그리 소탕하라는 명령을 받아서 무자비한 공격을 가하였다. 작전을 끝내고 사상자를 살펴보니 민간인, 부녀자, 어린애들이 다수였다. 이 사실이 매스컴에 보도되어 미국 전역을 떠들썩하게 만들었다. 그래서 어쩔 수 없이 미군 당국은 켈리 중위를 군법정에 세웠다.

그런데 법무관들이 켈리 중위의 베트콩에 대한 태도를 살펴본 결과 재미있는 사실을 발견했다. 켈리 중위는 육군사관학교 출신이고 엘리트 장교로 밀라이촌 학살 전에는 베트콩에 대해서 그렇게 부정적인 태도를 가지지 않았

다. 그런데 밀라이촌의 주민을 학살(사진 참조)하고 난 후 그의 베트콩에 대한 태도는 극적으로 변화해 더욱 부정적으로 바뀌었다. 왜 켈리 중위의 태도가 베트남인을 학살하기 전보다 학살한 후에 더 부정적이 되었는가? 그것은 자신의 학살 행위를 합리화하기 위한 것이다. 사회심리학의 인지적 부조화이론이 켈리 중위의 심리를 잘 설명하고 있다.

인지적 부조화이론에서는 우리가 어떤 행동을 하고 난 후에는 그 행동과 관련된 신념을 더욱 강화하기 마련이라고 본다. 왜냐하면 우리가 한 행동은 취소될 수 없기 때문이다. 즉, 켈리 중위가 베트남인을 학살한 것은 이미 저질

러진 것이어서 취소할 수가 없다. 그렇다면 그의 베트남 인에 대한 부정적 편견은 더 강화되어야 한다. 그래야만 그가 베트남인을 학살한 것이 정당화된다.

인지적 부조화이론은 켈리 중위의 태도 변화가 역순으로도 똑같이 발생한다는 사실을 증명했다. 즉, 우리가 어떤 신념을 갖기 전에 그에 대한 노력을 많이 기울이면 그 신념에 대해 더욱 충성하는 경향이 있음을 실험으로 증명했다. 심리학자인 애론슨과 밀스(Aronson, E., & Mills, J.)[17]는 대학생을 모집해 두 집단(모두 여학생으로 구성)으로 나누었다. 그들에게 예비 실험이 끝나면 어떤 대학생 집단에 들어가 같이 토론하게 되어 있다고 설명했다. 그리고 집단에게 예비 실험으로 자격시험 같은 것을 치르게 하면서 실험을 받으려면 용기가 필요하기 때문이라고 말했다. 실험 집단에게는 외설스러운 글을 실험자 앞에서 읽게 하는 여학생으로서는 곤란한 과제를 하게 했다. 반면, 통제 집단에게는 음란하지 않은 단어를 읽게 했다. 그런 다음 실험 집단과 통제 집단 모두에게 그들이 자격시험에 합격했다고 말해 주었다. 그리고는 두 집단에게 그들이 가입할 집단이 지금까지 해 온 집단 토의를 듣게 했다. 그 이유는 가입할 집단이 이미 몇 차례 토론을 했기 때문에 신입

회원들이 그들이 토론한 내용을 미리 알아두어야 하기 때문이라고 했다. 그런데 그 토의는 아주 지루하고 재미없는 동물의 성행위에 관한 것이었다. 그리고 실질적으로 실험은 다 끝났다. 실험자는 두 집단에게 그들이 가입할 집단에 대한 평가를 하게 했다. 그랬더니 재미있는 결과가 나타났다. 심한 입단식, 즉 외설스러운 글을 읽는 과제를 수행한 학생들은 자기가 가입할 집단이 우수하고 좋은 단체라고 평가했다. 이에 반해 통제 집단, 즉 심한 입단식을 치르지 않은 집단은 가입할 집단을 바보 집단에 엉터리라고 평가했다. 왜 이런 상반된 결과가 나타났을까? 실험 집단과 통제 집단은 똑같이 동물의 성행위를 토론한 내용을 들었는데 그것을 토론한 자기가 앞으로 가입할 집단을 왜 그렇게 다르게 평가했는가? 그것은 두 집단이 집단에 가입하기 위해 치른 입단식, 즉 예비 실험에서 차이가 있었기 때문이다. 실험 집단은 어려운 입단식(외설 내용을 읽는 것으로, 조사 대상자가 여학생이었기 때문에 외설스러운 이야기를 하게 만든 것은 심한 입단식이 되었다)을 치른 반면 통제 집단은 그렇지 않았다.

이 시점에서 명석한 독자는 현재 대학교에서 신입생 입단식을 할 때 막걸리 한 동이 먹기, 깜깜한 밤중에 공동묘

대학 신고식

지 돌아오기와 같은 심한 입단식을 거행하는 이유를 알
것이다. 심한 입단식을 치르고 입단하게 되면 신입생은
그 집단을 좋게 평가할 수밖에 없다. 왜? 그렇지 않으면
자기 자신이 인지적 부조화에 빠지기 때문이다. 이때 인
지적 부조화는 다음과 같은 이유로 발생한다. '내가 지금
심한 입단식을 치렀다. 그런데 이 집단은 형편없다. 그러
면 내가 바보짓을 한 것이다. 그런데 내가 막걸리 한 동이
를 먹은 어리석은 입단식은 이미 저질러진 것으로 취소할
수 없다. 그러면 내가 나의 인지적 부조화를 바꾸는 길은
무엇인가?' 그리고는 다음과 같이 생각해서 이 부조화를
없앤다. '아마 이 집단은 그런대로 좋은 집단일 거야.' 결
국 그는 가입한 집단에 대해 계속 좋게 생각한다. 우리나

라 대학에서 신입생을 상대로 심한 입단식을 치르고 그런
와중에 학생이 사망하기까지 한다. 왜 이런 철딱서니 없
는 짓을 강행하는가? 바로 집단에 대한 충성을 보장받기
위해서다.

앞의 내용이 이해하기 어려운가? 그러면 쉽게 정리해
보자. 우리는 어떤 일을 공들여 한 후에는 그 일이 잘못된
것으로 판명되더라도 쉽게 포기하기 어렵다(심한 입단식의
예). 거꾸로 어떤 행동을 하고 난 후에는 그 행동과 관련된
신념을 더욱 공고히 한다(켈리 중위의 예). 그리고 이런 우
리의 경향성은 인지적 부조화 때문에 생긴다. 즉, 자기가
자기의 생각과 불일치한 행동을 했다는 인지적 부조화는
우리를 불쾌하게 만들기 때문에(내가 선량한 시민을 죽였다
고 생각하는 켈리 중위의 경우나 내가 바보 같은 집단에 가입
하기 위해 심한 입단식을 치렀다고 생각하는 여대생의 경우),
우리는 이를 합리화하기 위해 우리가 한 행동과 일치하는
신념을 더욱 굳게 믿는다.

나는 재직 중에 신입생들을 가르칠 때 절대로 '한총련'
에 가입하지 말라고 신신당부한다. 일단 '한총련'에 가입
하고 나면 앞의 이 현상과 같이 되기 때문이다. 한총련이
시키는 일을 계속하다가는 나중에 '한총련'이 나쁜 단체

라고 생각하고 탈퇴하려 해도 그것이 쉽지가 않다. 이현상이 말한 것처럼 그것은 자신의 일생을 부정하는 것이 된다. 그리고 그때까지 '한총련'에 몰두한 것이 아까워 탈퇴하기 어렵다.

우리가 일단 어떤 신념을 믿는다면 인지적 부조화이론이 암시하는 것처럼 그것을 바꾸기 어렵다. 특히, 행동을 하고 나면 그 행동을 취소할 수 없기 때문에 더욱 그 행동과 관련된 신념에 집착하게 된다. 그래서 세뇌 교육을 할 때 쓰는 한 가지 효율적인 방법은 일단 피교육자에게 세뇌할 교육과 일치하는 행동을 하게 만드는 것이다. 일단 우리가 행동을 하고 나면 우리의 행동을 취소할 수가 없기 때문에 그 후에는 그 행동과 일치하는 신념을 공고히 하기 마련이다. 이에 관련된 이야기, 즉 세뇌 교육에 관해서는 이 책의 후반부에서 더 자세히 다루기로 한다.

4

신념의 검증

4

신념의 검증

상관 방법

우리가 어떤 사실을 확실히 믿기 위해서는 그 사실이 진실인가 터무니없는 허위인가를 가려야 한다. 그렇다고 모든 사실을 의심할 필요는 없다. 진실한 과학자에 의해 발견되고 증명된 사실은 믿어야 한다. 과학자들은 어떤 사실을 실험실에서 과학적으로 증명하기 때문이다. 갈릴레오의 지동설, 퀴리 부인의 라듐, 제너의 종두법 등은 우리가 그 사실 여부를 의심할 필요가 없다.

그러나 우리가 가진 사소하고 일상적인 신념은 과학자가 연구하지 않은 것들이 많다. 따라서 그것이 사실인가의 여부는 스스로 판단하지 않으면 안 된다. 이제 우리가 어떤 식으로 그것을 검증해야 하는가를 살펴보기로 하자. '코가 크면 성기가 크다.'는 속설이 있다. 이와 관련하여 우리 민요에 다음과 같은 내용이 전해 내려온다. 옛날 우리 부모들이 결혼할 때는 미리 맞선을 보는 것이 아니었다. 매파가 오가고 부모가 상대를 보고 결정하면 그것으로 끝이었다. 그러므로 신부는 막상 자기가 결혼할 남편감이 어떻게 생겼는지 알지 못한다. 그런데 결혼식 당일 동생이 먼저 형부의 얼굴을 본 것이다. 그러고 나서 동생은 언니에게 다음과 같이 노래한다. "언니는, 언니는 좋겠네. 형부 코가 커서 좋겠네." 이 민요가 전하는 말은 진실인가? 코가 크면 정말 성기도 큰가? 나도 처음에는 그랬지만 기성세대 중 이 민요가 사실이라고 믿는 사람이 많았다. 왜 그랬을까? 사람들은 자기가 믿고 있는 사실을 입증하는 자료만 발견하면 자기 신념이 옳다고 서둘러 판단을 종료하기 때문이다. 그러나 자기 신념을 부정하는 자료가 있는가도 살펴야 하는데 이런 것은 귀찮아서 마다한다.

성기의 크기

		큼	작음
코의크기	큼	1	2
	작음	3	4

'코가 큰 사람은 성기가 크다.'는 속담을 검증하려면 위의 그림과 같은 네 종류의 자료가 필요하다. 그림을 보면 네 칸으로 나누어져 있는데 각 칸에 속하는 사람이 얼마나 되는지 관찰해야 한다.

그림에서 칸 1에 속하는 자료는 '코가 크면 성기도 크다.'는 속담을 지지해 주는 것이다. 이런 사람이 많을수록 이 속담은 사실인 것으로 판명된다. 그러나 우리는 칸 2에 속하는 사람이 있는가도 살펴보아야 한다. 이 칸의 자료는 위의 속담을 부정하는 것이다. 이 칸의 사람들은 코는 큰데 성기는 작기 때문이다. 칸 4의 자료는 어떤가? 이 자료는 '코가 크면 성기도 크다.'는 사실을 직접 확인하는 자료는 아니지만 간접적으로 증명해 주는 것이다. 왜냐하면 이 칸의 사람들은 '코도 작고 성기도 작기' 때문이다. 끝으로 칸 3의 자료는 어떤가? 이 자료도 위의 속담을 부정하는 것이다. 이 칸의 사람들은 코가 작은데도 성기는 크기 때문이다. 그림에서 대각선상의 자료는 위의 가설을 긍정하거나(칸 1과 4의 자료) 부정하는(칸 2와 3의 자료) 것이다. 그런데 우리는 칸 1에 해당하는 사람이 있는가를 살펴보고 그런 사람이 눈에 띄면 바로 속담이 맞다고 결론짓는다. 그러나 심리학자들이 이 속담을 연구한다면 반드시 그림의 네 칸에 해당하는 자료, 즉 네 종류의 사람이 나타나는 사례 수를 모두 조사할 것이다.

또 다른 예를 들어 보자. 나의 누나들은 나보다 더 기성세대이므로 점을 잘 본다. 그래서 내가 중요한 결정을 하느라 고민하면 점쟁이를 찾아가 보라고 권한다. 내가 "점쟁이를 어떻게 믿어요." 하고 반문하면, 누나들은 "야! 그집에 가면 하도 고객들이 많아 번호표를 나누어 줄 정도야. 그 점쟁이가 점을 잘 친다는 증거지."라고 자신만만하게 대답한다. 그러나 이것은 체계적으로 자료를 수집하지 않고 믿고 싶은 사례만 본 것이다. 앞의 그림으로 친다면 칸 1의 자료만을 관찰한 것이다. 그 점쟁이가 신이 아닌이상 맞힐 확률은 50%다. 그래서 그 점쟁이에게 복채를 두둑하게 냈는데도 점괘가 틀린 사람도 많을 것이다. 하지만 그런 사람은 다시는 점쟁이 집에 나타나지 않을 것

이다. 왜? 점괘가 틀렸으니까. 아마 그는 집에서 이를 부득부득 갈며 그 점쟁이를 욕하고 있을 것이다. 결국 나의 누나들은 자기의 신념, 즉 점쟁이가 맞다는 사실을 입증해 주는 사례만 살펴보았지 점쟁이가 엉터리라고 주장하는 사람은 찾아보지 않았다. 따라서 누나들의 주장은 비과학적인 판단방법으로 내린 엉터리 결론이다.

신세대들은 나의 누나와는 달리 과학자가 쓴 글을 많이 읽어 어떤 것이 사실인가를 잘 구분한다. 신문도 과거와 달리 어떤 사실을 보도할 때 그 사실이 과학적인 방법으로 조사되었는가를 따진다. 우리가 선거 때 자주 보는 입후보자에 대한 지지율 조사 방법이 그 예다. 여론조사기관이 발표한 입후보자에 대한 지지 결과에는 항상 조사 대상자 수, 조사 방법, 결과의 오차 범위 등이 첨가되어 있다. 우리가 다음 대통령 선거에서 누가 당선될 것인가를 정확히 알려면 투표권자를 무작위(random)로 뽑아 조사해야 한다. 그래야만 조사 결과에 대한 오차가 줄어든다.

마지막으로 사회과학자들이 잘 이용하는 상관 방법에 관해 살펴보자. 상관 방법은 두 변인 간의 관계를 살펴보는 것이다. 예컨대, 우리는 키와 몸무게가 서로 관련이 있는가를 알아볼 수 있다. 그러려면 사람의 키를 재고 또 몸무게를 재어 두 변인 간의 관계를 살펴보면 된다. 많은 사람을 대상으로 키와 몸무게를 조사해 보면 어느 정도 상관이 있는 것으로 나온다. 그러나 그 상관계수는 1.0(두 변인 간의 관계가 완전히 일치함)으로 나오지 않고 기껏해야 .5 정도로 나타날 것이다. 이렇게 상관계수가 낮게 나오는 이유는 키가 크면 뼈도 크기 때문에 몸무게가 좀 나가지만, 키가 크면서도 마른 사람이나 반대로 키가 작으면서도 살이 찐 사람도 많기 때문이다.

그런데 만일 상관계수가 .6~.9까지 나온다면 이것은 정말 인과관계를 알려 주는 결과가 아닌가 하고 생각할 수 있다. 그러나 그렇지가 않다. 예를 들어 보자. 우리가 학교 성적과 피자를 먹는 것의 상관관계를 내면 아마 .6 정도로 나올 것이다. 그렇다면 피자를 많이 먹으면 성적이 높아진다는 결론이 나오게 되는데 이것이 사실일까? 그렇지 않다. 피자에 지능을 높이는 어떤 영양소가 따로 있는 것이 아니기 때문이다. 그러면 왜 이렇게 상관계수가 높게 나오는가? 그것은 제3의 요소가 작용하기 때문이다. 그 요소는 바로 경제력이다. 피자는 값이 비싸다. 그러므로 잘사는 집 학생이 못사는 집 학생보다 피자를 더 많이 사먹는다. 그런데 대체로 잘사는 집의 학생들은 못사는 집 학생들보다 학교 성적이 더 좋다. 그 이유는 부모가 자녀 교육에 관심이 많고 또 학원도 보내 주기 때문이다.

대중이 궁금해하는 문제는 실험을 하기가 어려운 것이 많다. 예컨대, 부모의 자녀 훈육 방법과 자녀의 성격은 관계가 있을까? 이 문제는 일반인도 관심이 아주 많고 학문적으로도 중요하다. 그렇지만 부모의 훈육 방법과 자녀의 성격 간의 관계를 실험으로 연구하기란 무척 어렵다. 이를 실험으로 검증하는 방법은 다음과 같다. 먼저 심리학자들이 부모를 무작위로 뽑아 그중 반은 전제주의적 훈육 방법을 하도록 하고 나머지 반은 민주주의적 훈육 방법을 하도록 한다. 그리고 두 가정의 자녀의 성격 발달에 대해 최소한 10년간 종단적(longitudinal) 연구를 해야 한다. 그런데 이런 실험은 사실상 불가능하다. 윤리적으로도 그렇고 실제적으로도 그렇다. 우리는 어떤 부모에게는 전제적 훈육을 하도록, 그리고 어떤 부모에게는 민주주의적 훈육을 하도록 강요할 수 없다. 자녀의 성격 발달을 장기간에 걸쳐서 관찰하는 것도 큰 무리가 따른다. 따라서 우리는 이 경우 상관 방법을 사용한다. 부모에게 자녀를 어떤 방식으로 키웠는가를 회고하게 하고 그 부모의 자녀를 대상으로 성격검사를 실시하여 두 변인, 즉 훈육 방법과 성격 간의 상관을 계산한다. 그러나 이 방법에도 앞서 말한 제3의 변인이 개재할 수 있다. 그것은 부모의 훈육 방법에 대한 회고다. 어떤 부모는 자신의 훈육 방법을 정확히 그리고 사실대로 회고하여 보고한다. 하지만 많은 부모들은 부정확하게 회고하거나 실제 자신이 행한 훈육과는 정반대로 보고한다. 전제주의적 훈육 방법을 행한 부모는 자기가 민주주의식 훈육 방법으로 아이를 키웠다고 보고한다. 심리학자가 심층 연구한 결과, 많은 부모들은 자기가 실제로 행한 훈육 방법을 보고하기보다 자신이 이상적으로 생각하는 훈육 방법을 보고하는 경우가 많았다.

따라서 상관 방법은 두 변인 간의 관계를 확실히 가려주지 못한다. 왜냐하면 상관 결과가 두 변인 간의 인과관계를 설명해 주지 못하기 때문이다.

그러면 우리는 어떤 식으로 자기 신념의 진실성을 가려야 하는가? 실험 방법이 제일 좋다. 물리학, 화학, 의학 연구는 실험실에서 모든 조건을 통제하고 수행하기 때문에 그 결과를 믿을 수 있다. 많은 심리학자들도 실험실에서 연구를 한다. 심리학을 과학적으로 연구하는 방법을 알고 싶은 사람은 로렌 슬레이터의 『스키너의 심리상자 열기』[18]를 참고하기 바란다.

귀인 방법

나는 최근 앨빈 토플러(Alvin Toffler)가 쓴 『부의 미래』라는 책을 읽었다. 이 책은 광고를 잘해서 그런지 학생들이 미리 도서관에 예약을 해야 비로소 대여해 볼 수 있다. 나도 예약을 하고 그것을 잊어버릴 정도로 한참 시간이 지난 후에야 도서관으로부터 이메일을 받고 책을 대여받아 읽어 보았다. 그런데 이 책에 재미있는 이야기가 나온다. 토플러는 처음으로 자기가 연구하는 미래학이 정말 진실한가에 관해서 논했다. 사실 미래학자들의 이야기는 맞는 것보다는 틀리는 것이 많다. 예컨대, 1960년대 로만클럽이 예측한 에너지 위기는 들어맞지 않았다. 물론 조만간 유전이 고갈될 것은 분명하지만 로만클럽이 예측한 것보다는 아직 지구상의 유전량에 여유가 있다.

그러나 토플러가 과거에 쓴 두 권의 책에서 미래를 예측한 내용은 맞는 것이 많았다. 특히, 그가 『제3의 물결』에서 이야기한 '전자 오두막집(electric cottage)'은 이미 현실화됐다. 전자 오두막집이란 개인용 컴퓨터가 발달해 우리가 사무실에 출근하지 않고 집에서 너끈히 일을 처리할 수 있음을 말한 것이다. 현재 우리 주위에 재택근무자가 적지 않은데, 이는 그가 십여 년 전에 예측한 사실이다.

토플러는 이전의 그의 책에서와는 달리 미래학자의 예측이 신뢰할 만한 것인가의 여부를 따져 봐야 한다면서 그 방법 몇 가지를 열거했다. 그런데 그 내용은 대부분 사회심리학에서 이미 연구한 귀인 방법에 관한 것이었다. 따라서 여기에서는 이 귀인 방법에 관해 이야기하고자 한다. 귀인 방법은 우리가 스스로 자신의 신념의 진위를 검증하는 한 방법이기 때문이다.

사회심리학에서 말하는 귀인(attribution)이란 우리가 어떤 사건의 원인을 알아보는 것을 말한다. 인간은 호기심이 많은 동물이라서 어떤 사건이 발생하면 그 원인이 무엇인가를 알아보려 한다. 예컨대, 감기에 걸리면 감기에 걸린 원인이 무엇인가를 열심히 찾는다. 그러다 어제 내복을 입지 않고 출근한 것을 발견하고는 곧장 감기의 원인이 내가 옷을 가볍게 입고 외출한 탓이라고 결론짓는다. 이런 귀인 방법을 대응추리라고 한다. 대응추리란 어떤 결과에 영향을 줄 것 같은 대응하는(correspondent) 사건이 있으면 그것을 바로 그 결과의 원인으로 귀인하는 방법을 말한다.

좀 더 복잡한 대응추리 방법을 예로 들어 보자. 한 신사가 식당에서 종업원이 실수로 그의 옷에 엽차를 엎지르자 불같이 화를 내었다. 이 광경을 바라본 우리는 그의 성격이 불같다고 추리한다. 그의 성격이 바로 그렇기에 화를 냈다고 추리하기 때문이다. 일명 내부적 귀인이라고 하는 이런 추리도 하나의 대응추리 방법이다.

그런데 대응추리 방법은 결과를 설명할 수 있는 다른 원인이 존재하면 먼저 원인의 효과를 절감시킨다. 예컨대, 밝은 대낮에 운전자가 사고를 냈다고 하면 우리는 그가 운전 부주의 때문에 사고를 냈다고 대응추리한다. 그러나 비슷한 사고가 눈이 많이 내리는 한밤중에 발생했다면 우리는 그의 운전 부주의만을 탓하지 않는다. 왜냐하면 그가 사고를 내는 데 영향을 주는 다른 요소, 즉 어둠과 미끌미끌한 빙판 도로 등이 있기 때문이다.

판사가 피고의 유죄 여부를 판결할 때도 귀인 방법을 따른다. 판사는 살인 사건 재판 시 살인 의도가 있었는가를 중요시한다. 만일 피고가 의도적으로 살인을 했다면 그는 중형을 면하기 어렵다. 그러나 피고가 죽일 생각이 없었는데 서로 격하게 다투다 그만 엉겁결에 살인을 했다면 비고의적 살인으로 인정되어 형량은 낮아진다. 또 비고의적 가해면서 가해자가 자기가 한 일이 피해자에게 어떤 해를 초래할지 모르고 행한 것이라면 가해자는 더 낮은 형량을 받는다. 예컨대, 어린아이가 고무 새총을 가지고 다른 아이의 눈을 쏴 장님을 만들었다면 그 아이에게 심한 책임을 물을 수 없다. 나이가 어려 자기가 하는 일이 어떤 결말을 초래할지 모르고 사고를 쳤기 때문이다. 따라서 판사가 판결을 내릴 때는 가해자 범행의 고의성 여부는 물론 가해 행위가 초래할 결말에 대한 사전 지식 여부 등을 고려해 형량을 결정한다. 판사가 바로 대응추리 방법을 사용하고 절감법칙을 적용하는 것이다.

대응추리 방법은 어떤 사건이 딱 한 번 발생했을 때 우리가 사용하는 원인 추리 방법이다. 그런데 우리는 한 사람의 행동을 단 한 번 목격하고 그의 성격을 추리하지는 않는다. 그 사람과 여러 번 교제하면서 행동을 수시로 관찰하여 그의 성격을 종합적으로 판단한다. 사회심리학자 켈리(Kelly, G.)는 우리가 반복 관찰한 후 원인 규명을 할 때 사용하는 귀인 방법을 밝혔다. 그의 방법은 공변법칙(covariation theory)이라고 부른다.

공변법칙은 다음과 같다. 당신이 막 잠에서 깨어났는데 콧물이 나왔다고 가정하자. 그런데 당신은 마당에 갓 핀 진달래꽃을 바라본다. 그럼 혹 당신의 감기가 어제 진달래 꽃밭에 들어가 향기를 맡은 데 원인이 있지 않은가 추리한다. 그렇다면 당신은 이런 추리를 어떻게 증명하는가? 당신은 진달래 꽃밭을 여러 번 들락날락거린다. 그리고 그때마다 알레르기 감기 증세가 나타나는가를 관찰한다. 만일 두 변인, 즉 진달래 꽃밭 넘나들기와 감기 증세가 같이 나타난다면 당신은 확실히 감기가 진달래꽃 때문이라고 결론짓는다. 이 방법에서는 두 변인이 서로 같이 변하는가를 살펴보기 때문에 켈리의 귀인 방법을 공변법칙이라고 부른다.

켈리는 공변법칙으로 어떤 사건의 원인을 규명할 때 세

가지 기준을 사용한다고 주장한다. 첫째는 일관성(consistency) 기준이다. 만일 당신이 지난 3년 동안 진달래꽃이 필 때마다 똑같은 감기 증세가 나타났다면 진달래꽃이 병의 원인이라고 단정한다. 3년에 걸쳐 일관성 있게 똑같은 결과가 나타났기 때문이다. 이것을 일관성 기준이라고 부른다. 나는 앞에서 주식투자 방법이 거둔 과거 30년의 실적은 신뢰성을 따지는 좋은 기준이 된다고 말했다. 반복된 과거 기록은 일관성을 나타내기 때문에 우리의 신념을 검증할 때 중요한 기준이 된다. 그러나 금년이 처음이고 작년에는 진달래 꽃밭에 들어갔음에도 알레르기성 감기를 앓지 않았다면 진달래꽃이 감기의 원인이라고 귀인할 수 없다. 왜냐하면 작년의 결과는 공변법칙의 한 기준인 일관성 기준을 위반했기 때문이다.

또 당신이 감기 때문에 병원에 갔는데 의사가 "당신이 오늘만 벌써 스무 번째 환자이며 진달래꽃이 한창일 때는 그런 증세가 나타난다."라고 말했다면 당신은 감기가 진달래꽃 때문이라고 결론짓는다. 즉, 당신만이 유독 그런 것이 아니고 다른 사람들도 똑같은 환경에서 똑같은 반응을 했기 때문에 그 원인을 더 확신하게 된다. 이때 사용하는 기준을 우리는 합의성(consensus) 기준이라고 부른다.

합의성 기준이란 여러 사람의 경우가 다 똑같이 나온 것을 따지는 것으로, 많은 사람에게서 동일한 결과가 나왔다면 우리는 그 결과의 원인을 더 신뢰할 수 있다.

켈리의 공변법칙의 마지막 기준은 독특성(distinctiveness) 기준이다. 이것은 당신이 진달래꽃이 아닌 다른 꽃에서는 어떻게 반응하는가를 살피는 것이다. 만일 당신이 다른 꽃에 대해서는 알레르기 감기를 앓지 않는다면 진달래꽃만이 독특하게 감기의 원인이 되었다고 판단하게 된다.

그러면 사회심리학의 귀인 방법을 이용하여 우리가 가진 신념의 진위를 어떻게 판단할 것인가? 우리는 공산주의가 나쁘다는 신념을 갖고 있는데 이에 관해 한 번 생각해보자. 나는 최근 케이블 TV 역사 채널에서 소비에트의 공산주의 역사를 시리즈로 방영하는 것을 보았다. 거기서 놀라운 사실을 하나 발견했다. 그것은 스탈린이 정권을 잡은 후 집단농장을 실시하게 된 배경을 설명한 것이다. 스탈린이 볼셰비키 정권을 세운 후 나라는 자본주의 국가인 미국에 비해 발전 속도가 아주 느렸다. 설상가상으로 농산물 값이 폭등하자 농민들이 이를 시장에 내놓지 않아 굶주리는 국민이 늘어나고 도시에서는 폭동이 발발했다. 그래서 스탈린은 농민을 통제해야겠다는 결심을 하고 집단농장 제도를 도입했다. 웬만한 제조업도 모두 집단농장 식으로 운영해 모두 똑같이 일하고 똑같은 대우를 받았다. 그러자 제조업은 물론이거니와 집단농장에서도 생산성이 과거에 비해 크게 떨어졌다. 이에 스탈린은 고심 끝에 속도전을 벌였다. 일을 하되 빨리 하고 또 많이 생산한다는 것이다. 이 운동은 처음에는 감시를 엄하게 했기 때문에 성과가 있었다. 그러나 얼마 안 돼 이 운동은 노동자와 농민이 지치고 의욕을 상실했기 때문에 실패하고 말았다. 내가 이 사실을 알고 놀란 것은 이런 속도전이 세 공산주의 국가에서 똑같이 반복되어 발생했다는 사실이다. 주

지하다시피 모택동도 속도전을 벌여 수백만 명이 아사했고, 이는 김일성 정권에서도 마찬가지였다. 공산주의였던 세 나라, 즉 구소련, 중국 그리고 북한에서 차례로 나타난 속도전은 공산주의가 걸어가는 길이 같다는 것과 그 결과는 모두 실패라는 사실을 역사적으로 증명한 것이다. 세 나라에서 똑같이 속도전을 일으켜 실패했다는 사실은 켈리의 공변법칙인 일관성, 합의성, 독특성 기준을 모두 만족시키는 것이다. 다시 쉽게 설명하면, 공산주의에서는 속도전이 일어나기 마련이다(일관성 법칙). 구소련뿐만 아니라 중국과 북한에서도 발생했다(합의성 법칙). 그리고 공산주의의 속도전은 꼭 실패하게 되어 있다(독특성 법칙). 그래서 공산주의는 망할 수밖에 없음을 시사한다.

이승만 전 대통령은 우리나라가 공산주의가 되어서는 안 되겠다는 신념을 갖고 남한만의 단독 정부를 수립했다. 이 대통령은 미국에서 유학을 하고 그곳에서 철학 박사학위를 따서 이미 구소련의 공산주의의 발달과 그 변천 과정을 잘 알고 있었다. 그래서 그는 공산주의는 곧 망할 것이라는 확신을 갖고 있었다. 우리가 세계 역사의 변천사를 잘 알아야 하는 이유가 여기에 있다.

위의 예는 정치적 이념에 관한 것이고 국가 수준의 예라서 우리가 공변법칙이 자신의 신념을 검토하는 데에도 소중하다는 것을 이해하기 어렵다. 이제 켈리의 공변법칙을 좀 더 일상적인 예를 들어 설명하기로 하자. 내가 사는 아파트는 소규모 단지의 아파트다. 모두 5개 동뿐이고 층수도 낮아 전체 가구 수는 181개에 불과하다. 아파트 단지에는 조그마한 상가 건물이 있고 이 건물에는 네 개의 점포가 있다. 그런데 이 중 하나만 영업을 하고 있고 세 개는 오래 전부터 세입자가 들지 않아 비어 있다. 그런데 처음부터 이렇게 점포가 비었던 것은 아니다. 그중 한 점포는 여러 주인이 번갈아 가며 여러 종류의 점포를 냈다. 주로 피자 가게를 많이 열었지만 한 상인은 그곳에서 문방구, 또 다른 상인은 비디오테이프 대여점을 운영했다. 그러나 가게들은 개점한 지 6개월을 채 버티지 못하고 폐업했다. 나는 가게 주인이 바뀔 때마다 은근히 걱정을 했다. 다른 주인도 그곳에서 가게를 열어 모두 실패했는데 왜 하필 거기서 장사를 하는 걸까? 망할 게 뻔한데. 아파트 주민들도 너무 안쓰러워 피자 가게가 들어왔을 때 좀 자주 팔아주자는 결의를 했다. 그럼에도 피자 가게는 얼마 안 가 역시 우리의 소망을 무산시킨 채 도산했다.

왜 우리 아파트 상가의 가게는 망하기 마련인가? 기본적으로 세대수가 많지 않기 때문이다. 가게는 비디오테이프 대여점이든, 문방구든, 또는 피자 가게든 고객이 많아야 장사가 된다. 고객 수가 적으면 아무리 장사를 잘하고 서비스를 잘해도 망할 수밖에 없다. 또 이해할 수 없는 것은 그곳에서 피자 가게를 열어 여러 사업자가 망했다는 사실을 알고도 다시 그 점포를 대여해 같은 장사를 하는 사람들이 생긴다는 것이다. 이런 사람은 켈리가 말한 합의성 기준을 무시하는 사람이다. 몇 주인이 그곳에서 피자 가게를 운영하다가 망했다면, 그곳에서 피자 가게를 열면 나도 망할 것이다라는 생각 또는 신념을 가져야 한다. 그런데 그들은 이 합의성 기준을 무시한 채 장사를 하고 결국 망한 것이다. 아마 가게 주인들은 이런 식으로 생각했을 것이다. '나는 다른 사람과는 다르다. 내가 만든 피자는 맛이 더 좋고 나는 서비스를 더 잘하므로 성공할 수 있다.' 그러나 이런 생각은 오기이고 오판일 뿐이다. 피자의 질, 서비스가 문제가 아니고 아파트의 세대수, 즉 고객이 적기 때문에 영업이 안 되는 것이다. 합의성 기준은 우리의 신념이 옳은지 그른지를 판단하는 아주 중요한 잣대가 된다.

켈리의 공변법칙이 발표되고 얼마 후 그의 제자 중 하나인 맥아더 교수가 일반인을 대상으로 켈리의 세 가지 기준 중 어떤 것을 더 중요시하는가를 조사했더니 흥미로운 결과가 나왔다. 조사 대상자들은 독특성 기준, 일관성 기준은 결론을 내리는 데 모두 중요한 기준이 된다고 보고 했지만 합의성 기준은 덜 중요시했다. 왜 합의성 기준을 중요하게 생각하지 않는가? 우리는 자기는 남과 좀 다르다고 보고 싶기 때문이다. 즉, 우리 아파트 피자 가게 주인들이 모두 망한 원인은 합의성 기준을 무시하고 나만은 성공할 수 있다고 자만했기 때문이다. 합의성을 무시하는 사람은 고집이 센 사람이고 남의 말을 잘 듣지 않는 사람이다. 그런 사람은 실패하기 마련이다. 합의성은 우리가 가진 신념이 올바른가를 검증하는 아주 중요한 잣대다.

우리의 신념은 꼭 검증을 받아야 한다. 그러기 위해서 우리는 신념을 검증하는 정확한 방법을 잘 알고 있어야 한다. 이 장의 내용을 독자들이 잘 숙지하기 바란다.

5

잘못된 신념

5

잘못된 신념

사람에 대한 잘못된 신념

우리는 세상만사와 관련해 어떤 신념을 갖기 마련이다. 여기서 신념이란 무엇인가 하는 문제가 제기될 수 있다. 그러나 신념을 정의하는 것은 이 책의 마지막으로 미루기로 한다. 그것은 좀 학술적인 이야기이기 때문이다.

우리가 갖는 신념은 무수히 많다. 그런데 나는 심리학자여서 그런지 사람에 대한 신념에 유독 관심이 많다. 일반인들이 사람에 대해 갖는 신념 중에는 잘못된 것이 많다. 그렇게 되면 문제가 커진다. 예컨대, 우리나라에는 출신지에 대한 편견이 있다. 대표적으로 경상도 사람은 어떻고 전라도 사람은 어떻다는 편견이 있다. 이런 편견은 잘못된 신념이다. 그럼에도 우리는 이를 사실인 양 확신하여 많은 잘못된 판단을 한다. 예컨대, 사람을 뽑거나 자식의 배우자감을 고를 때 특정 도 출신을 배제하는 차별을 한다. 이런 차별은 국민의 단합을 해치고 갈등을 조장한다. 따라서 우리는 사람에 대해 올바른 지식과 신념은 갖되 잘못된 신념은 절대로 지니지 말아야 한다.

일반인들이 사람에 대해 갖는 잘못된 신념은 그 종류와 내용이 무수히 많다. 그래서 그것을 전부 다룬다는 것은 무리가 있다. 여기서는 나와 박미자 등[19]이 심리학에 대한 오해를 일부 학생을 대상으로 조사한 결과를 살펴보기로 한다. 다음에 나오는 표는 한국 사람들이 사람에 대해 잘못 알고 있는 대표적인 신념 15개를 골라 연세대생 651명을 대상으로 알아본 것이다. 연세대생은 한국의 엘리트다. 따라서 그들이 사람에 대해 올바른 신념을 얼마나 갖고 있는가는 한국 엘리트들의 견해를 나타내는 것으로 간주할 수 있다. 지면 관계상 조사한 모든 내용을 검토할 수

(단위: %)

내 용	사실이다	아니다	모르겠다	무응답
혈액형과 성격은 관계가 있다.	59.2	30.0	10.6	.2
소질은 타고난다.	72.7	22.9	4.1	.3
남·여는 태어날 때부터 성격적인 차이가 난다.	54.5	37.6	7.5	.4
지능은 유전된다.	69.0	23.3	7.5	.2
지능은 노령화에 따라 퇴보한다.	60.2	27.8	11.5	.5
반복 연습하면 기술이 향상된다.	96.0	3.2	.6	.2
인간은 자율적으로 행동한다.	61.9	28.3	9.5	.3
꿈이 많으면 숙면을 못한다.	56.8	30.7	12.3	.2
벌을 아끼면 자식을 망친다.	56.1	35.6	7.7	.6
학교 때 성적으로 장래 성공을 예측할 수 없다.	80.3	14.0	5.2	.5
출신 도에 따라 성격에 차이가 난다.	63.9	26.1	9.7	.3
지능지체는 정신병이다.	13.1	56.8	29.8	.3
인간은 본능의 동물이다.	46.7	45.3	7.7	.3
꿈은 들어맞는다.	17.2	57.0	25.5	.3
딸은 아버지를, 아들은 어머니를 좋아한다.	48.5	36.3	14.7	.5

(N=651, 피험자는 연세대 재학생)
출처: 이훈구, 박미자.[20]

는 없고 우리 사회에서 만연하고 있는 잘못된 신념만을
골라 논의하기로 한다.

지난 몇 년간 우리사회에서는 혈액형에 관한 논의가 아
주 활발했다. 혈액형이 성격과 관계가 있다는 것이다. 그
래서 매스컴에서는 물론 대학 강의실에서도 이 문제를 놓
고 격론이 벌어질 정도였다. 혈액형에 대한 관심을 서로
공유하는 인터넷 카페도 생겨났다. 사람들은 혈액형과 성
격이 관련이 있다고 굳게 믿는다. O형은 사교적이고 AB
형은 외골수라는 식으로 말이다. 나의 딸은 형액형이 O형
이고 아들은 AB형이다. 그래서 어렸을 때 딸이 동생보고
"너는 어쩌면 혈액형도 그렇게 얌체냐. 남들은 A, B, O형
인데 너는 AB형이니?" 하고 놀리면 아무것도 모르는 동생
은 약이 올라 울곤 했다.

과연 혈액형과 성격은 서로 관계가 있는가? 한마디로
관계가 없다. 이 문제는 서울대 문리대 교수였던 고 이진
숙 교수가 1960년대 초 학생, 군인, 직장인 등 각계각층의
수천 명을 대상으로 수년간 조사한 결과다. 당신이 개발
한 성격검사를 수천 명의 한국인에게 실시하였고 그들이
보고한 혈액형과 상관을 내었다. 그 결과 두 변인 간의 관
계는 전혀 없었다. 내가 이 연구에 참여했기 때문에 그 결

과를 직접 보았다.

그럼 왜 한국인은 혈액형에 대해 잘못된 신념을 갖고 있을까? 이진숙 교수는 그것이 일본인들의 농간이었다고 학생들에게 말했다. 그 내용은 다음과 같다. 일제 말기 미국의 B29가 한반도에 내습하는 경우가 종종 있었다. 그래서 폭격으로 인한 사상자가 대량으로 발생할 우려가 컸다. 사상자가 대량으로 발생하면 그들을 신속히 수술하여야 하고, 그러려면 부상자들의 혈액형을 미리 알아야 한다. 그런데 당시 조선 사람들은 혈액형 검사를 끔찍하게 싫어했다. 피를 뽑는 것이 마뜩하게 보지 않았기 때문이다. 그래서 일본 관리가 꾀를 하나 생각해 냈다. 혈액형을 알면 개인의 성격을 알 수 있다고 소문을 퍼뜨린 것이다. 이진숙 교수의 이런 진술이 사실인지의 여부는 알 수 없다. 다만 하나의 재미있는 에피소드일지도 모른다.

내가 박미자와 1985년 651명의 연세대 학생들에게 '혈액형과 성격은 관계가 있다.'는 진술문을 주고 그 사실 여부를 알아본 결과(앞의 표 참조), 무려 59.2%의 학생이 '사실이다'라고 응답한 반면 '아니다'라고 답한 사람은 30.0%에 불과했다. 그리고 '모르겠다'는 10.6%였다. 무려 약 60%의 응답자가 혈액형과 성격 간의 관계를 사실로 믿고 있었다. 연세대생이 한국의 엘리트이기 때문에 그래도 30%의 학생은 혈액형과 성격은 상관이 없다고 생각했다. 만일 이를 일반인을 대상으로 조사했더라면 더 많은 사람이 혈액형과 성격의 관계를 굳게 믿고 있었을 것이다.

혈액형과 성격이 상관이 없다는 사실은 성격이 유전되지도 또 선천적이지도 않기 때문에 확실하다. 같은 부모 밑에서 태어난 형제자매들도 각기 성격이 다르다. 나의 형제자매는 8명으로 성격이 제각각이다. 이렇게 성격은 유전되지 않고 후천적으로 형성되나 혈액형은 타고나는 것이다. 그래서 혈액형과 성격은 관계가 없다.

이제 다음 문제로 넘어가 보자. 앞의 표의 11번째 문항은 '출신 도에 따라 성격에 차이가 난다.' 이다. 그 결과를 보면 '사실이다' 라고 대답한 학생은 63.9%이고 '아니다' 는 26.1%, '모른다' 는 9.7%이다. 대부분의 학생이 출신 도에 따라 성격에서 차이가 난다고 오판하고 있다. 이런 잘못된 신념은 앞의 '혈액형과 성격' 의 결과보다 더 높다. 우리나라에서 출신 지역에 대한 편견이 많기 때문에 이런 결과가 발생했다. 우리나라는 단일 민족이기 때문에 종족 간의 분쟁이 없다. 그래서 종족 분쟁, 인종 분쟁을 겪는 나라에 비하면 굉장히 복을 탄 나라라고 할 수 있다. 그럼에도 지역감정은 그 어느 나라 못지않게 높다. 한국인의 지역감정은 그 역사가 오래되었고, 최근에는 정치적인 이유가 가미되어 더 심화되고 있다[21].

혈액형이 성격과 상관이 없듯이 출신지와 성격이 같을 수 없다. 그런데도 표에서 보는 바와 같이 적지 않은 엘리트들조차 출신지에 따라 성격이 다르다는 잘못된 신념을 갖고 있다. 심리학자들이 조사한 바에 따르면 경상도 사람은 다혈질로, 그리고 전라도 사람은 신의가 부족한 것으로 인식되고 있다.[22] 이는 잘못된 신념이고 편견에서 비롯된 것이다.

한국 사회는 지역감정 또는 지역 편견 때문에 몸살을 앓고 있다. 선거 때 정당에 따라 입후보자를 고르는 것이 아니라 어느 지역 출신이냐가 관건이 된다. 부모가 자식의 배우자를 고를 때도 출신지를 따진다. 서로 싫어하는 지역 출신의 배우자라면 설사 자식이 좋아하더라도 부모가 거절하는 경우가 허다하다. 한국적 비극이 아닐 수 없다.

다시 표의 설문 결과를 보자. 8번째 설문은 '꿈이 많으면 숙면을 못한다.'로 '사실이다'는 56.8%, '아니다'는 30.7%, 그리고 '모르겠다'는 12.3%다. 이에 대해 독자는 어떻게 생각하는가? 아마 이 결과에 동조하는 사람이 많을 것이다. 즉, '꿈을 많이 꾸면 숙면하지 못한다.' 고 믿을 것이다. 그러나 심리학자의 연구에 따르면 꿈은 오히려 잠을 도와준다. 꿈을 꾸지 못하면 잠을 오래 자지 못하기 때문이다. 그래서 이 진술문은 '사실이 아니다' 가 정답이다. 그러면 왜 이런 잘못된 신념이 생겨났을까? 아마 많은 사람들이 꿈자리가 뒤숭숭한 것을 마음이 불안한 징조로, 따라서 숙면을 취하지 못한 것으로 착각하기 때문인 것 같다.

심리학자가 조사한 바에 따르면 꿈은 우리의 눈동자가 빠르게 움직이는 시기, 즉 REM(rapid eye movement) 수면 시기에 꾼다. 그런데 REM 수면 시기는 평균 2~3시간마다 나타나고 이때 우리는 평균 3~4가지의 꿈을 꾼다. 우리가 하룻밤에 평균 8시간을 잔다면 대충 우리는 10가지 이상의 꿈을 꾸는 것이다. 그러나 이를 다 기억하지 못하고 주로 새벽에 꾸는 꿈만을 아침에 기억한다. 따라서 일반인은 자기가 얼마나 많은 꿈을 꾸는지도 모른다. 그러므로 꿈자리가 뒤숭숭했는지의 여부도 확실히 알 수 없다. 대부분의 꿈은 이미 잊어버렸기 때문이다. 결국 꿈자리가 뒤숭숭해서 잠을 잘못 잤는지는 알 길이 없다.

마지막으로 표에서 9번째 설문 하나만 더 살펴보자. '벌을 아끼면 자식을 망친다.'에 대해 찬성은 56.1%, 반대는 35.6%, 그리고 '모르겠다'는 7.7%다. 이 진술문도 물론 틀린 것이다. 이 문제는 앞의 제3장에서 다룬 바 있다. 미국의 행동주의가 유행했을 때 왓슨이 이런 훈육 방법을 권장한 바 있다. 그러나 이것은 잘못된 것이다. 프로이트의 욕구좌절이론이 발표된 이후로는 부모가 자녀를 민주적으로 키우는 양육 방법이 크게 유행했다. 자녀를 충분히 사랑하고 자율권을 주는 식으로 자녀를 키우는 것이 좋은 자녀 훈육 방법이다.

부모로부터 양육과 훈육을 받는 당사자들은 부모의 양육 방법이 어떠해야 하는가를 잘 알고 있다. 구체적으로 체벌을 받고 자라온 자식은 체벌이 얼마나 나쁜 훈육 방법인가를 잘 알고 있다. 그래서 우리는 이 설문에 대해 대학생들 중 '사실이 아니다'라고 응답한 사람이 압도적일 것으로 짐작했다. 그러나 의외의 결과가 나온 것이다. 비극이 아닐 수 없다. 만약 이 설문을 한국의 부모, 그것도 기성세대를 대상으로 조사했다면 '사실이다'라고 응답한 비율이 압도적으로 나왔을 것이다.

훈육 방법은 부모-자녀 관계의 질을 결정한다. 아동을 학대하는 부모 밑에서 자라는 자녀는 커서 문제아가 될 가능성이 높다. 앞에서 예를 들었지만, 한국 역사상 처음으로 발생한 부모 토막 살해범 이은석이나 전화방 도우미 20명 이상을 연쇄 살해한 유영철은 모두 부모와의 관계가 좋지 않았고 아동 학대를 당했다는 증거가 있다.

우리는 만사에 올바른 신념을 가져야 한다. 특히, 사람에 대해서는 더욱 그렇다. 그래야만 자식을 잘 키우고 인간관계를 잘 맺을 수 있다. 잘못된 인간관은 자신은 물론 다른 사람에게 피해를 주고 한 사람의 일생을 망칠 수 있다. 따라서 우리는 인간에 대한 잘못된 신념을 불식해야한다. 그 방법의 하나는 올바른 심리학적 지식을 쌓는 것이다.

병적 신념

성격심리학자 켈리(Kelly, G.)는 성격을 개인이 세상만사를 어떤 식으로 정의하고 해석하는가의 견지에서 설명할수 있다고 주장했다. 즉, 내가 생각하는 부모는 어떤 존재이고 나와 어떤 관계를 맺고 있는가를 알아보면 나의 성격을 이해할 수 있다는 논리다. 또 켈리는 우리가 사물을 어떻게 정의하고 해석하느냐가 그 사물에 대한 우리의 태도를 반영한다고 주장한다. 이 이론에 따르면 우리가 어떤 태도나 신념을 바꾼다는 것은 대상 사물을 새로운 방식으로 해석하는 것이 된다. 켈리의 이론은 좀 복잡한 듯하니 예를 하나 들어 이야기를 계속하기로 하자.

우리는 신라의 학승 원효를 잘 알고 있다. 그는 당대의 고승이었지만 더 높은 학식을 쌓고자 당나라로 유학을 떠났다. 그런데 유학길을 떠난 지 얼마 되지 않아 중도에 길을 잃고 말았다. 산속을 헤매며 길을 찾았지만 그만 실패한 채 해가 꼴깍 서산으로 넘어갔다. 그는 배가 고프고 목도 말라 샘물을 찾아 나섰다. 그러다 어둠 속에서 쪽박에 물이 담겨 있는 것을 발견했다. 그는 허겁지겁 물을 들이켰는데 그렇게 시원할 수가 없었다. 다음날 아침 날이 밝아 원효가 잠에서 깨어나 보니 옆에 해골이 놓여 있었다. 깜짝 놀라 곰곰이 생각해 보니 지난밤 갈증 끝에 마신 물이 바로 해골 속의 물이었다. 원효는 다시 한 번 놀랐다. 지금 해골 속의 물을 바라보니 구토가 올라오는데 엊저녁에는 그토록 시원한 샘물이었다. 그는 한참 생각한 끝에 다음과 같은 큰 깨달음을 얻게 되었다. '사물의 존재는 고정적이거나 불변적이지 않다. 사물은 비록 물질적으로는 고정되어 있다 하더라도 정신적으로는 가변적이다. 즉, 인간의 사물에 대한 이해나 해석은 때에 따라 그리고 사람에 따라 달라진다. 그렇다면 내가 꼭 당나라에 가서 불법을 배울 필요가 없지 않은가? 영원불멸의 불법이란 없기 때문이다. 내가 생각하는 불법, 내가 체득하는 불법이 바로 나 자신에게 필요한 영원불멸의 불법이다.' 이런 생각하에 원효는 당나라 유학을 포기하고 국내에서 도를 닦았다. 그러나 유학을 다녀온 그 어느 고승보다 더 훌륭한 학승이 되었다.

원효의 일화는 켈리의 구성개념이론(construct theory)과 엇비슷하다. 두 사람은 우리가 세상을 어떻게 바라보고 이해하는가를 중요시한다. 즉, 개인이 자기 나름대로 구성한 세상에 대한 이해가 바로 그 사람의 성격을 나타내고, 그것이 바로 그 사람이 지각한 심리적 세계라는 것이다.

켈리는 개인의 성격을 조사하기 위해 구성개념검사를 개발했다. 이 검사는 우리가 중요시하는 인물이나 개념, 예컨대 어머니, 사랑, 우정, 친구 등의 단어를 제시하고 그에 대한 개인의 해석을 요청한다. 그리고 각 단어들이 서로 어떻게 연관되어 있는지를 알아본다. 쉽게 말하면, 켈리는 개인이 다른 사람에 대해 어떤 생각 또는 신념을 갖고 있는가를 알아보고 그것을 토대로 그의 성격을 판단한다.

우리는 친구나 애인에게 배신을 당하면 자존심과 자신감에 상처를 입어 화가 나고 우울해진다. 자기는 못생기고 무능력하고 인기가 없다고 생각한다. 그런데 자존심 또는 자신감의 변화란 바로 자신에 대한 생각이나 신념이 변화한 것으로 간주할 수 있다. 주위 사람에게 상처받은 사람은 심리학자를 만나 상담치료를 받아야 한다. 이때 심리학자는 환자의 잘못된 생각과 신념을 바꾸어 준다. 이런 심리치료는 켈리의 이론을 기초로 한 것이며 인지적 치료법이라고 말한다. 인지란 사물에 관한 우리의 생각, 해석, 이해 등을 말한다.

유명한 인지치료가 앨리스(Ellis, A.)는 우리가 흔히 잘못된 신념을 갖기 마련이라고 하면서 그 대표적인 예를 다음과 같이 제시했다.[23]

나는 모든 사람에게 사랑을 받아야 한다.

이것은 아주 잘못된 신념이다. 예수처럼 완전무결한 사람만이 모든 사람에게 사랑을 받을 수 있다. 나는 완전한 사람이 아니므로 나를 좋아하는 사람이 있는가 하면 나를 싫어하는 사람도 있다. 그래서 내가 한두 사람에게 배척 당했다고 해서 괴로워하는 것은 아주 잘못된 생각이다. 내 주위에는 나를 좋아하는 사람도 많다. 그런데 우리는 이런 괴로움에서 벗어나지 못하고 있다. 그것은 내가 모든 사람에게 사랑받아야 한다는 잘못된 신념을 가졌기 때문이다.

사람들은 나에게 신중하고 친절하게, 그리고 내가 원하는 방식대로 행동해야 한다. 내게 불친절한 사람은 못된 사람이다.

이 역시 잘못된 신념이다. 사실 너무 이기적인 생각이다. 다른 사람은 자기가 원하는 대로 행동할 수 있다. 나에게 불친절하다고 그를 나쁜 사람으로 생각하는 것은 자기중심적인 사고다. 남이 나에게 불친절했다고 해서 화를 내는 것은 잘못된 신념이다.

세상일은 모두 공평하고 정의로워야 한다.

우리가 사는 세상은 공평하지도 정의롭지도 않다. 그런 세상은 천국에서나 가능하다. 그래서 모두들 불공평하고 부정의한 세상에서 묵묵히 살아가고 있다. 왜 나에게 불행한 일이 발생하는가 하고 한탄하는 것은 소아병적 사고다.

이 세상은 질서정연하고 확실하고 예측 가능해야 한다.

물론 이 세상이 질서정연하고 예측 가능하면 우리는 살기가 편하다. 그렇지만 세상에는 뜻밖의 일이 허다하게 발생하고, 세상사는 복잡해서 예측이 불가능하다. 만사가 질서정연하고 예측 가능해야 한다고 기대하는 것은 그릇된 생각이다.

나는 성공해야 한다. 그래야만 다른 사람의 인정을 받는다.

사람이 꼭 성공하고 출세해야 남에게 인정받는 것은 아니다. 우리는 성실하게 사는 사람, 자기 일에 최선을 다하는 사람 그리고 남을 배려하는 사람을 성공한 사람보다 더 존경한다.

이상이 엘리스가 말한 우리가 흔히 범하기 쉬운 잘못된 신념이다. 그런데 우리는 이런 잘못된 신념 때문에 고민하고 우울해한다. 위의 내용이 왜 잘못된 신념인가를 이해하게 되면 우리는 그로 인해 더 이상 번민을 하지 않아도 된다. 엘리스가 말한 이러한 잘못된 신념은 자존심과 자신감을 상실한 사람들이 자주 갖는 신념이다. 만일 애인에게 배신당한 사람이 엘리스를 찾아와 호소했다면 그는 다음과 같이 말했을 것이다. "그녀가 당신의 유일한 파트너라고 생각하는 것은 착각이다. 그녀보다 당신에게 더 어울리면서 더 훌륭한 파트너가 얼마든지 있다. 그리고 여자와 버스는 3분 만에 한 번씩 다가온다." 이런 식으로 우리의 잘못된 생각을 고쳐 주는 것이 엘리스의 인지적 치료의 기본 목표다.

정신과적 문제가 있는 사람의 경우도 마찬가지다. 그들은 자신과 세상을 잘못 이해한 사람, 인지이론으로 말한다면 자신과 세상에 대해 잘못된 신념을 가진 사람이다. 따라서 잘못된 신념을 바꾸어 주면 그들의 정신과적 문제는 치료된다.

그런데 여기서 말한 사람들은 심각한 정신병을 앓고 있는 사람이 아니다. 그들은 마음의 상처를 입어 일시적으로 자존심과 자신감에 상처를 입어 정서적으로 혼란된 사람들일 뿐이다. 그렇기에 그들은 자신과 세계를 알아보는 지남력(orientation)을 잃지 않고 있다. 즉, 자기 이름이 무엇이고 오늘이 며칠이며 자기가 어디에 산다는 것을 잘 알고 있다.

한편으로 심한 정신병을 앓고 있는 사람들이 있다. 그들은 지남력을 잃고 환청, 환상, 환각을 겪는다. 정신분열증 환자들이 그런 사람들이다. 환청이나 환각을 겪는 환자들은 신의 명령이 들리고 귀신이 보인다고 주장한다. 그러나 이런 증상을 가진 사람에게 그것은 환청이고 환각일 뿐이라고 일깨워 줘 봐야 그들은 납득할 수 없다. 왜? 그들에게는 환각과 환청이 실제로 발생하기 때문이다. 어떻게 해서 그런 환청이나 환각이 발생하는지는 아직 잘 모른다. 뇌 속의 신경전달물질의 변화가 그런 증상을 일으킬 것이라고 추측할 뿐이다. 따라서 정신분열증 환자는 약물치료를 해야지, 우리가 그들의 잘못된 신념을 가르쳐 주고 충고하고 조언한다고 해서 치료되지는 않는다.

환청, 환각 또는 망상과 관련해 재미있는 이야기를 하나 하자. 미국에서는 어떤 사람이 신이 자기에게 계시를 내렸다고 말하면 주위 사람들이 그를 당장 정신병원에 입원시킨다. 그가 가진 신념은 병적인 것이고 그가 환청 또는 환각 증세가 있다고 믿기 때문이다. 그러나 한국에서 어떤 사람에게 신이 내린 경우 그 사람은 무당이나 교주가 될 수 있다. 실제 그런 사람이 있다. 물론 신이 내렸다고 말한 사람 모두가 다 정신분열증 환자는 아니다. 그중 어떤 사람은 무당을 동경하고 많은 무당들이 신이 내려 그 직업을 가지게 되었다는 사실을 알고 무의식적으로 신이

내리기를 염원했던 사람일 것이다. 우리가 어떤 것을 간절히 원하면 그것이 꿈속에서 이루어지듯이 우리에게 현실로 나타난다. 그러나 환청, 환각을 경험하는 사람은 대부분 정신분열증 환자다.

정리해 보면, 정서적 문제를 갖고 있는 사람은 자신이나 세상에 대해 잘못된 신념을 갖고 있는 사람들이다. 따라서 그들을 치료하는 한 방법은 그들이 갖고 있는 잘못된 또는 부적응적인 신념을 교정해 주는 것이다. 즉, 병적인 신념을 갖고 있으면 병이 생긴다. 그러나 심한 정신과적 병을 지닌 사람, 즉 정신분열증 환자는 인지치료가 불가능하다. 왜냐하면 그들은 지남력을 잃고 환청과 환상 속에서 살기 때문이다. 그들은 뇌 속의 신경전달물질을 바꾸어 주는 약물치료를 받아야 한다.

신념의 변화

앞에서 신념의 변화, 특히 병적 신념에 관해 이야기했다. 이번에는 정상인의 신념 변화에 관해 논의하기로 한다.

신념이란 어떤 지식이나 사실에 근거하여 형성된다. 그래서 신념을 토대로 한 지식이나 사실이 허위로 판명되면 우리는 자연스럽게 그 신념을 폐기하거나 바꾼다. 지동설을 부인하던 사람들은 코페르니쿠스가 여러 가지 실험 결과를 통해 지동설을 발표하자 천동설을 폐기하였다. 담배가 폐암을 유발한다는 임상 보고가 점차 쌓이자 세계 각국에서 금연법이 늘어나고 금연자가 속출하고 있다. 우리의 신념이 변화했기 때문에 이런 변화가 발생한 것이다.

자신의 신념이 허위로 드러났을 때 이를 쉽게 바꾸는 사람은 유연한 사람이고 사회에 적응을 잘하는 사람이다. 이런 사람은 사업도 잘할 수 있다. 이 책의 제4장에서 나는 우리 아파트 상가에서 장사하던 사람들이 모두 망해

나가는 것을 예로 들었는데, 이런 사람들은 자기 과신 때문에 그리고 신념을 포기하지 않았기 때문에 결국 망한 것이다.

일반적으로 젊은 세대는 신념을 쉽게 바꾼다. 그들은 아직 세상일을 배우는 과정에 있기 때문에, 학술적으로 말해 많은 종류의 신념을 구축해 가는 과정에 있으므로 신념에 대해 유연하다. 그래서 자기 신념이 틀렸다고 생각하면 그것을 곧장 폐기한다. 그러나 나이 든 사람은 자신의 신념을 잘 바꾸지 않으려 한다. 그 이유는 그가 그 신념을 토대로 인생을 살아왔기 때문이다. '신념의 유지' 편에서 살펴보았듯이 우리는 한번 구축한 신념은 잘 버리지 않는다. 특히, 우리가 신념을 구축하는 데 많은 노력을 들였다든가 신념을 지지하는 어떤 행동을 한 경우 그 신념을 폐기하기는 무척 어렵다. 심한 입단식을 치른 사람이나 켈리 중위처럼 이미 베트남인을 무자비하게 학살한 사람들은 자신의 신념을 버리지 못한다. 오히려 더 강하게 그 신념을 옹호할 따름이다.

우리 스스로 자신의 잘못된 신념은 바꾸어 나가야 하지만 그렇게 하지 못하는 사람이 많다. 그들은 남의 도움을 받아야 하며 타인이 그에게 조언하거나 설득할 수 있다.

조언이나 설득을 잘 받아들이는 사람은 다행이다. 그는 잘못된 신념을 버리고 올바른 신념을 지녀 잘 적응하고 성공할 수 있기 때문이다. 그러나 앞에서 언급한 여러 가지 이유로 우리는 자신의 신념을 옹호한다. 이런 사람들의 신념을 효과적으로 바꾸는 방법은 무엇일까?

제일 효과적인 방법은 그 사람에게 그가 지닌 신념과 반대되는 행동을 하게 만드는 것이다. 한 좋은 예가 있다. 나의 졸서 『심리학자가 들여다본 인간시장』[24]에 인용된 예를 여기에 옮겨 보자.

1954년 미국 연방대법원은 학생을 인종적으로 분리해 놓고 평등한 교육이라고 주장하는 것은 그 정의 자체가 잘못된 것이라는 유명한 판결을 내렸다. 이 판결은 당시 대부분의 미국 초중고에서 흑백인 학생을 분리시켜 교육해 온 것에 관해 그 불평등성을 비판한 것이다. 그 당시 대법원장인 얼 워렌은 인종이라는 단 하나의 기준에 의해 흑인 학생을 백인 학생과 격리시킨다면, "지역사회 내에서 그들로 하여금 신분상의 열등감을 갖게 만들고 이 열등감은 그들의 가슴과 마음속에 결코 지워질 수 없는 상처를 남긴다."라고 판정했다.

이 판결은 미국 역사상 전례가 없는 가장 감격적이고 거

창한 사회 실험을 시도하게 만들었다. 이 역사적 판결이
있은 후 많은 미국인들이 흑백통합학교 정책에 거세게 반
대했기 때문이다. 미국 시민들은 몇 년 전 미국의 유명한
사회학자 섬너(Sumner)가 말한 "국법이 시민법을 바꿀 수
없다."는 말을 상기시키면서 대법원의 판결을 적극 반대
했다.

　심리학자들도 연방 정부의 흑백통합학교 정책이 실패할
것이라고 믿었다. 그 이유는 당시 심리학적 지식으로 볼
때 우리의 행동을 바꾸려면 먼저 그와 관련된 신념, 즉 태
도를 바꾸어야 한다고 믿었기 때문이다. 금연을 시키려면
먼저 담배는 폐암을 유발한다는 신념을 갖게 해 담배에
관해 부정적인 태도를 갖도록 만들어야 한다. 그러나 미
국 정부는 심리학자의 이런 우려에도 불구하고 이 정책을
그대로 밀고 나갔다. 처음에는 백인들이 흑인 학생들과
자기 자녀가 같은 통학 버스를 타고 다니는 것을 못마땅
해했다. 그러나 차츰 그들의 반대는 줄어들기 시작했다.
왜 그들이 쉽게 포기했는가? 심리학자는 이를 인지적 부
조화 이론으로 설명했다. 백인 학부모는 자기 자녀가 흑
인과 어울리면 강간당하거나 나쁜 짓을 배우게 될 것이라
고 가정했다. 그런데 자녀가 흑인과 어울려 공부하고 놀

아도 그러한 사고나 비행이 발생하지 않았다. 그러자 백인 학부형은 인지적 부조화에 빠졌다. 자기가 기대한 불상사가 일어나지 않았기 때문이다. 그런데 그들이 이런 부조화를 벗어나는 길은 무엇인가? 흑백통합학교는 이미 기정사실이다. 그러므로 그들이 바꿀 수 있는 것은 자신의 흑인 학생에 대한 편견이다. 즉, "흑인 학생은 생각보다 그리 나쁜 애들이 아니다."라고 자신의 신념을 바꿀 수밖에 없었다. 그래서 미국 연방 정부의 흑백통합학교 정책은 큰 저항 없이 실시되었다.

위의 예는 신념을 효과적으로 바꾸는 방법은 신념과 관련된 행동을 먼저 바꾸게 하는 것임을 시사한다. 즉, 행동을 바꾸면 자연히 신념도 바뀌게 된다는 것이다. 흑백통합학교 정책은 미국의 인권을 한 단계 더 높힌 혁명적 효과를 가져온 동시에 사회심리학에도 한 수 가르쳐 주었다. 과거 심리학자가 믿어온 대로 행동을 바꾸려고 반드시 태도나 신념을 먼저 변화시킬 필요는 없다. 거꾸로 행동을 먼저 바꾸어 주면 그에 따라 신념이 바뀌게 된다. 즉, 신념을 효과적으로 바꾸는 한 방법은 먼저 그 신념과 연관된 행동을 바꾸게 하는 것이다. 그러면 신념은 저절로 변하기 마련이다.

세뇌 교육을 통해 신념을 바꿀 수도 있다. 6·25 전쟁 중 중공군은 미군 포로를 대상으로 세뇌 교육을 시켰다. 세뇌 교육은 강압적이고 비윤리적인 방법이므로 사실상 사용해서는 안 된다. 세뇌 교육은 먼저 피교육자에게 극심한 신체적 형벌을 가하는 것에서 시작한다. 밥을 굶기고 잠을 재우지 않는 등 심한 정신적 박해를 가한다. 그래서 피교육자가 기진맥진하면 아량을 베풀듯 음식을 제공하되 사상 전향을 전제 조건으로 한다. 아무리 신체가 강건한 사람이라도 인간에게 필요한 수면, 음식을 박탈하면 환각 증상을 보이고 정신이 혼미해져 세뇌 교육에 응하기 쉽다. 중공군에게 세뇌 교육을 받은 사람을 연구한 심리학자는 극심한 정신적·육체적 고통을 받으면 자기를 포기하는 단계까지 간다고 밝혔다.[25] 이때 세뇌 교육자가 그 고통을 조금 줄여 주면 그를 구세주로 생각하고 그에게 의존하며 그의 말을 100% 믿는다. 우리는 과거 경찰이 강압적 수사 하에 피의자를 고문하고 허위 자백을 강요한 사실이 있음을 기억한다. 그런데 놀라운 것은 적지 않은 무고한 피의자가 허위 자백을 한 후 실제 자기가 범죄를 저지른 것 같은 착각을 하였다는 것이다. 고문과 세뇌 교육은 이렇게 무서운 결과를 초래한다.

그러나 아주 강철 같은 의지를 가진 포로도 있었는데 그들은 아무리 정신적, 신체적 학대를 가해도 꿈쩍하지 않았다. 그런데 중공군이 이런 포로를 세뇌시키는 방법을 개발했다. 그 방법은 동료 중 이미 세뇌되어 공산주의자가 된 사람이 전향을 거부한 이를 집단적으로 조롱하는 것이다. 우리의 신념은 그것을 지지해 주는 친구가 있어야 확고해진다. 이 책의 '집단 신념' 편에서 우리는 종말론자의 경우를 예로 들어 설명한 바 있다. 신종 홍수론을 주장한 종말론자들이 처음에는 이를 확신해 자기들끼리 모여 활동하고 그들을 취재하려는 외부 기자들을 적극 외면했다. 그러나 그들의 종말론이 불발로 그치자 그들은 스스로 매스컴을 찾아 나섰다. "하느님이 종말론을 잠시 연기했다."는 교주의 새로운 주장을 믿으려면 이제는 외부의 지지자가 필요했기 때문이다. 이런 원리를 이용해 중공군은 전향을 끝까지 거부하는 미군의 의지를 그의 동료들의 조롱으로 꺾었다.

한총련에 가담했던 학생이 탈퇴하려는 기미를 보일 때 한총련이 썼던 방법도 예전 중공군이 했던 방법과 유사하다. 그런 학생은 동료가 면박을 주고 창피를 준다. 특히, 하급생이 앞장서서 탈퇴하려는 상급생을 모욕한다. 그러면 그는 심한 자기 갈등에 빠지고 혼란을 겪는다. 그러다 한총련으로부터의 전향을 포기한다. 이렇게 우리가 신념을 바꾸거나 유지하는 데에는 친구, 동료의 지원이 큰 역할을 한다.

중공군은 강제로 미군을 방송국에 데려가 자본주의가 잘못되었음을 공표하게 했다. 많은 포로들이 나중에 미국에 송환되어 자기가 협박에 몰려 허위 방송을 했다고 고백했다. 그러나 적지 않은 포로들이 강요된 방송을 하고 나서는 완전히 공산주의자로 전향했다. 앞서 예로 든 미국의 흑백통합 정책 방안에서 채택한 방법과 같은 효과가 나타난 것이다. 즉, 미군 포로가 강제로라도 일단 허위 방송을 하였기 때문에 자기의 정치적 신념이 바뀌어 버린 것이다.

6

올바른 신념

6

올바른
신념

올바른 신념의 형성

지금까지 다양한 신념들을 살펴보았다. 우리가 살펴본 신념은 정치경제적 신념, 자신에 대한 신념, 자녀관, 결혼관, 직업관, 행복관에서 시작해 세 가지 연고주의에 이르기까지 다양하다.

신념의 종류가 이렇게 많은 만큼 우리가 신념을 형성하는 과정 역시 다양하다. 예컨대, 정치경제적 신념 하나만 예로 들더라도 이 신념은 우리의 부모, 선배, 교사에게서 시작되어 학교교육, 직장생활 그리고 정치 활동을 통해 습득되고 정제된다. 마가렛 대처가 '자유시장경제주의', 일명 대처리즘을 형성한 과정이 이를 증명한다. 따라서 올바른 신념을 형성하는 유일한 방법이란 존재하지 않는다.

또 신념 중 어떤 것은 우리가 그것이 올바른지의 여부를 구분할 수 없거니와 또 구분할 필요도 없다. 예컨대, 행복관을 살펴보자. '돈이 많으면 많을수록 좋다.'는 금전만능주의를 우리가 나쁘다고 말할 수 있을까? 반대로 '나물 먹고 물 마시고…….'와 같은 청빈의 행복관을 반드시 좋은 신념이라고 말할 수 있을까? 이것은 어디까지나 개인의 생활신조, 가치관, 생활철학에 속한다. 따라서 우리가 어떤 것이 좋다거나 어떤 것이 나쁘다고 말할 수 없다.

그럼에도 올바른 신념을 어떻게 형성할 것인가를 여기서 논하고자 한다. 그 이유는 올바른 신념을 형성하는 몇 가지 대표적인 또는 공통적인 방식이 있으며 그것은 젊은 세대에게 아주 필요한 정보가 되기 때문이다.

우리가 갖추어야 할 주요한 신념은 과학적이고 합리적이며 가능하면 사실적이어야 한다. 예컨대, 내가 사회주의자가 될 것인지 자유민주주의자가 될 것인지를 결정하는 것은 쉬운 문제가 아니다. 이를 위해서는 부단히 공부를 해야 한다. 공부라는 것이 단순히 사회주의나 민주주의 체제에 대한 지식을 쌓는 것은 아니다. 그보다 역사를 공부해야 한다. 두 이념이 역사적으로 어떻게 그 성과가 밝혀졌는지를 살펴보아야 한다.

또 올바른 신념을 정립하기 위해서는 새로운 과학적인 지식에도 눈을 떠야 한다. 앞에서 심리학자들조차 자녀 훈육 방법에 대해서 시대에 따라 각기 다른 신념을 가졌다는 사실을 언급한 바 있다. 학문이 발달함에 따라 과거의 이론과 지식이 무용지론으로 전락하는 것은 불가피하다. 따라서 우리가 올바른 신념을 가지려면 학문의 변화, 지식의 변화에 민감해야 한다. 그러므로 올바른 신념을 형성하는 첫 번째 방식은 '열심히 배우고 공부하기'다.

우리는 이 책의 '신념의 형성' 편에서 일단 우리가 획득한 신념은 잘 폐기되지 않음을 보았다. 신념을 폐기하는 것은 자신이 지금까지 해 온 행동을 부정하는 것이 되고 자존심이 상하기 때문이다. 그러므로 우리는 자신이 지금까지 금과옥조로 삼았던 신념이 정당하고 합리적이고 과학적인가를 늘 살펴봐야 한다. 그리고 기존의 자기신념을 옹호하고 강화하기보다는 이를 회의적으로 바라보는 시각을 가져야 한다. 그리고 자신의 신념이 부적절한 것으로 판명되면 그것을 과감하게 폐기해야 한다.

우리가 자신의 기존 신념을 바꾸거나 새로운 신념을 받아들이려면 그 만큼 우리의 생각과 마음이 유연해야 한다. 즉, 자기가 지닌 기존의 신념에 너무 집착하지 말아야 한다. 기성세대는 사고나 행동이 유연하지 않기 때문에 옹고집쟁이가 될 수 있다. 자기의 신념이 항상 옳다고 생각하는 사고방식은 자신을 파멸시킬 수 있다. 앞서 언급한 바 있는 『남부군』의 이현상이라는 빨치산 대장이 그 대표적인 예다. 그러므로 올바른 신념을 형성하는 두 번째 방법은 자신의 신념에 대한 회의와 유연한 마음가짐이다.

또한 '신념의 검증' 편에서 우리의 신념을 어떤 식으로 검증해야 할지를 자세히 논했다. 올바른 신념이란 올바른 방법으로 검증된 신념을 말한다. 따라서 우리는 신념을 검증하는 방법에 관해 잘 알아두어야 한다. 우리는 '남이 믿으니까 그것이 사실이겠지.' 하며 어떤 신념의 타당성을 쉽사리 결정한다. 그리고 신념에 부합하는 사례에만 관심이 있다. 앞에서 예로 든 '코가 크면 성기가 크다.' 는 속설을 믿기 위해서는 최소한 네 가지 자료를 모두 모아야 한다는 것을 다시 한 번 숙지해야 한다. 즉, 우리는 확인편과 행동을 범하지 말아야 한다.

또 우리가 주의할 것은 상관관계 결과가 한계를 지니고 있다는 사실이다. 일반인은 물론 많은 지식층이 상관관계 자료를 확대해석한다. 상관관계 결과는 두 사실 간에 어떤 관계가 있음을 나타내는 것뿐이지 두 사실이 인과관계가 있음을 지적하는 것이 아니다. 또 적지 않은 상관관계가 제3의 요인이 개재한 허구라는 사실을 잘 기억해 두어야 한다. 앞에서 예로 든 '피자와 지능의 관계'를 다시 한 번 음미해 봐야 한다. 피자를 많이 먹은 학생이 지능이 높게 나온 것은 피자에 지능을 높이는 영양분이 있기 때문이 아니다. 피자를 먹는 부류가 경제 상층의 자제이고 대체로 경제 상층의 자녀들이 부모의 도움으로 공부를 잘하기 때문에 피자와 지능 간에 상관이 있는 것처럼 밝혀진 것이다.

인과관계를 알 수 있으려면 실험실에서 오염 변인을 엄격히 통제한 상태에서 실험을 해야 한다. 물리학, 화학 그리고 실험을 통한 심리학적 연구 결과는 인과관계를 밝혀 준다.

일반인들도 과학자처럼 자신의 신념을 실험할 수 있다. 그 방법의 하나는 켈리가 지적한 공변법칙이다. 켈리의

원인을 귀인하는 방법인 공변법칙과 그에 속한 세 가지
기준을 잘 기억하고 활용해야 한다. 올바른 신념을 형성
하는 또 다른 방법은 신념이 옳은가를 판단 또는 검증하
는 방법을 익히고 과학적인 지식을 토대로한 신념을 습득
하는 것이다.

　지금까지 토의한 올바른 신념을 형성하는 방법은 그 신
념이 생활 지식과 비슷한 단순한 신념을 대상으로 한 것
이다. 예컨대, 자녀를 어떤 방법으로 기를 것인가, 혈액형
은 성격을 나타내는가, 검은 깨를 먹으면 머리가 다시 까
매지는가 등이다. 신념이 우리 생활에 많은 영향을 주는
것은 사실이다. 그러나 이런 지식과 관련된 신념은 폭이
좁아 그 영향력이 별로 크지 않다.

　이제는 좀 더 포괄적이고 주제가 큰 신념을 대상으로 그
것을 어떻게 습득할 것인가를 생각해 보기로 하자. 이에
속하는 신념으로는 자기통제감, 자기효능감, 인생관, 결혼
관, 직업관, 행복관 등이다. 그런데 이런 신념은 앞에서 언
급한 생활 지식과 관련된 신념과는 달리 그 옳고 그름을
가리기가 어렵다. 예컨대, 돈을 중시하는 가치관과 마음
의 평화를 중시하는 가치관 중 어떤 것이 더 옳다고 말할
수 있는가? 없다! 이런 가치관은 각자의 취향과 철학에 따

라 결정될 문제다.

자, 그러면 우리는 어떤 인생관을 습득해야 하는가? 이 역시 독자의 취향에 달렸다. 그렇다면 인생관을 올바르게 형성하는 방법은 없는가? 우리는 위인들의 삶에서 자기 취향에 맞는 인생관, 가치관, 행복관, 직업관 등을 찾아볼 수 있고 이를 모방할 수 있다. 또 우리는 세계적인 지도자들이 걸어온 삶을 공부함으로써 어떤 인생관, 가치관이 그들을 세계적인 지도자로 부상시켰는가를 공부할 수 있다. 예컨대, 링컨에게서는 인간 평등의 철학을, 처칠에게서는 불굴의 의지와 애국심을, 그리고 마가렛 대처에게서는 자유시장경제 제도에 대한 확신과 근로 정신을 배울 수 있다. 한국에도 위인이 많다. 초대 대법원장인 김병로에게서는 사심 없는 공직자의 태도를, 유일한 한일양행 사장에게서는 양심적인 기업가 정신과 부의 사회 환원을, 그리고 정주영 현대 회장에게서는 'can do' 정신과 세계로 뻗어 나가려는 과단성의 정신적 태도와 신념을 학습할 수 있다.

훌륭한 인생관, 가치관, 즉 포괄적이고 비중 있는 신념을 형성하는 좋고 유일한 방법은 이런 식의 멘토링(mentoring) 방법이다. 어려서 우리에게 훌륭한 멘토는 부모, 형제 그리고 교사 및 친구들이다. 따라서 우리가 훌륭한 부모, 형제, 교사 및 친구를 가졌다면 우리는 바람직한 신념을 쉽게 형성할 수 있다. 청소년기 이후부터의 멘토링도 아주 중요하다. 우리의 멘토는 더 이상 우리의 주변인이 아니다. 직장 상사, 사회 지도자 그리고 역사적 위인들이 모두 우리의 멘토가 될 수 있다. 그들이 젊은 시절을 어떻게 살아왔고 학창시절을 어떻게 보냈으며, 결혼생활, 직장생활, 사회생활이 어떠했는지를 알아보고 모방할 필요가 있다. 그러면 청소년들은 자기가 현재 무슨 일을 계획하고 전념해야 할지를 깨닫게 된다. 그들의 삶에서 초지일관으로 나타나는 신념, 철학, 인생관이 무엇인지를 잘 분석하여 학습할 필요가 있다. 멘토링 방법은 우리가 가장 손쉽고 효과적으로 거창한 신념을 훌륭하게 형성하는 방법이 된다.

신념이란 무엇인가

앞에서 나는 신념이 무엇인지, 즉 신념의 정의에 관해서는 이 책의 마지막에 논하겠다고 말했다. 미리부터 신념을 장황하게 논하기보다는 오히려 신념의 예를 들고 나중에 이에 관한 정의를 언급하는 것이 더 좋다고 생각했기 때문이다.

사실 신념이 무엇인가를 일반인들이 골치 아프게 따질 필요는 없다. 또 신념이 무엇을 뜻하는지를 정확히 이해해야만 이 책을 이해할 수 있는 것도 아니다. 따라서 신념의 정의에 관해 관심이 없는 독자도 많은데 그런 사람은 이 부분을 읽지 않아도 좋다.

그러나 학자들이나 심리학을 연구하는 사람, 특히 사회 심리학도는 이 책에서 말하는 신념이 무엇인가를 따져 볼 필요가 있다. 그래야만 신념이라는 개념이 정확히 기존의 개념과 어떻게 같은지 또는 다른지를 파악할 수 있기 때문이다.

내가 말하는 신념과 완전히 일치하는 심리학적 개념은 없는 것 같다. 내가 이 책에서 말하고자 하는 신념은 그 종류가 다양하여 신념은 그 수준이나 폭이 상당히 차이가 나기 때문이다. 예컨대, 이 책에서 사람에 대한 잘못된 신념으로 '혈액형은 성격을 나타낸다.' 같은 것을 예로 들었다. 이 신념은 심리학적 사실에 대한 개인의 판단 또는 믿음을 나타낸다. 그리고 심리학에서 말하는 태도의 한

인지적 요소인 믿음을 나타낸다. 한편, 이 책에서는 행복관이라는 신념을 논하였다. 그런데 행복관은 물질지향적 행복관이 있는가 하면 반대로 심리적 안정과 평화를 강조하는 정신지향적 행복관이 있다. 이 행복관은 앞의 믿음과는 달리 그 개념의 수준이나 폭이 깊고 넓다. 즉, 물질지향적 행복관 속에는 개인의 부, 출세, 성공과 같은 가치를 중시하는 가치관(value system)이 내재해 있다. 마찬가지로 정신지향적 행복관에는 사랑, 안정, 평화와 같은 가치관이 내포되어 있다. 다시 말해, 내가 예로 든 행복관은 어떤 의미에서는 사회학에서 자주 연구하는 가치 체계 또는 가치관과 유사한 개념이다.

참고로 로키치(Rokeach, M.)[26]가 중요하다고 말한 가치관의 내용을 살펴보자. 그는 가치관을 두 종류로 구분하였다. 하나는 궁극적 가치(terminal value)로 개인이 그의 인생에서 최종적으로 얻고자 하는 가치를 말한다. 궁극적 가치의 예로는 자유, 가족의 안전, 세계 평화 등이 있다. 다른하나는 도구적 가치(instrumental value)로 앞서 말한 궁극적 가치를 획득하는 수단이 되는 가치를 말한다. 이 가치에는 능력, 성취, 남에게 도움이 됨, 용기, 야망 등이 있다.

행복관이라는 신념은 로키치가 말한 가치관과 유사하

다. 즉, '자유'가 우리가 추구하고 지켜야 할 가장 중요한 가치라고 믿는 사람이 있는가 하면, 그보다는 '가족의 안전'이 우선이라고 믿는 사람이 있다. 이런 궁극적 가치관은 행복관의 기초가 되는 개념이다. 로키치는 조사 대상자에게 궁극적 가치 18개와 도구적 가치 18개를 제시하고 그중 어떤 것을 더 중요시하는가의 견지에서 각 가치관을 평가하게 했다. 그리고 그 결과를 통해 개인의 가치관 또는 한 문화의 가치관을 파악하고자 했다. 그 외에 이 책에서 언급한 인생관, 직업관, 결혼관 등 역시 로키치가 말하는 가치관과 비슷하다. 따라서 인생관, 직업관, 결혼관이라는 신념은 가치관 개념과 비슷하다.

그러나 앞에서 살펴본 바와 같이 이 책에서 말하는 신념 중 많은 것은 가치관으로 볼 수 없고 사회심리학에서 말하는 믿음 또는 태도와 같은 것이다. 예컨대, '혈액형은 성격을 나타낸다.'는 신념은 가치관이라고 부를 수 없는 개념이다. 이는 믿음 또는 태도와 같은 개념이다. 그러면 이 책에서 말하는 신념 중 가치관으로 볼 수 없는 믿음 또는 태도와 같은 신념에 관해서 논해 보기로 한다. 그 전에 먼저 믿음과 태도가 무엇인지를 살펴보기로 하자.

사회심리학에서는 태도의 구성 요소로 세 가지를 꼽고

있다. 첫째는 믿음이다. 믿음이란 태도 사물(attitudinal object)과 관련된 우리의 지식 또는 정보로서 인지적 특성의 태도를 말한다. 예컨대, 우리가 민주주의에 대한 태도를 형성하려면 무엇보다 민주주의가 무엇을 의미하는지 알아야 하고 그에 따라 민주주의가 좋은 제도라고 믿어야 한다. 둘째는 정서다. 우리는 민주주의에 대해서 긍정적으로 생각하거나 판단해서 민주주의가 좋은 제도라고 말한다. 셋째는 행동이다. 민주주의를 지지하면 우리는 민주주의를 옹호하는 주장을 하거나 데모에 참여한다. 사회심리학자가 태도의 구성 요소로 이 세 가지를 흔히 꼽고 있지만 그들은 믿음, 즉 인지적 태도 하나만을 조사하였다. 내가 자주 예로 드는 단순한 신념인 '혈액형은 성격을 나타낸다.'를 살펴보자. 이것은 태도인가? 태도라기보다는 하나의 단순한 믿음이다. 그런데 앞에서는 믿음도 태도의 한 요소라고 말해서 독자들이 혼선을 빚을 수 있겠다. 이를 바로잡기 위해서 또 다른 이야기를 하고자 한다.

유명한 사회심리학자 존스와 제럴드(Jones, E. E., & Gerald, H. B)[27]는 태도를 세 가지 요소로 분리했다. 첫째는 진술(proposition), 둘째는 가치(value) 그리고 이 둘의 연합으로 태도가 형성된다고 주장했다. 한 예를 들어 보

자. '경상도 사람은 다혈질이다.'는 하나의 진술이다. 진술이란 이 예처럼 개인이 관찰한 것일 수도 있고, '지역감정은 편견이다.'와 같이 과학적인 사실일 수도 있다. 그런데 우리는 어떤 사물에 대해 가치를 부여한다. 예컨대, 우리는 '다혈질' 개념에 대해 어떤 가치를 부여한다. 어떤 사람이 다혈질이 '나쁘다'고 평가한다면 그는 다혈질에 대해서 부정적인 가치를 갖는 것이다. 그러면 어떤 사람이 '경상도 사람은 다혈질이다.'라는 진술을 하면서 동시에 '다혈질은 나쁘다.'라고 가치를 부여하면 어떻게 되는가? 그는 '경상도 사람은 나쁘다.'라는 태도를 형성하게 된다.

존스와 제럴드(Jones, E. E., & Gerald, H. B)[28]의 태도이론은 하나의 태도가 어떻게 구성되는지를 잘 설명하고 있다. 이 태도이론은 앞서 말한 사회심리학에서의 태도의 세 가지 구성요소이론보다 더 우수하다. 태도의 세 가지 구성요소 이론에서는 단순히 태도의 세 가지 다른 측면을 이야기하고 있을 뿐 세 요소 간의 관계는 잘 설명하지 못한다. 예컨대, 민주주의가 좋다는 믿음을 가지면(인지적 태도), 민주주의에 대해 호의적 평가를 하고(정서적 태도), 민주주의를 옹호하는 행동을 보인다고(행동적 태도) 말한다. 그런데 우리가 이 세 가지 태도 요소 중 하나만을 알아도 족하다고 보면서 인지적 태도를 주로 측정한다. 그래서 이 이론에서는 태도의 세 가지 요소인 인지, 정서, 태도가 서로 어떤 식으로 연관되어 있는지를 알 수 없다. 이에 비해 존스와 제럴드는 세 가지 태도 요소 간의 관계를 아주 분명히 했다. 그들은 태도란 삼단논법식으로 형성되는 것이라고 주장한다. 즉, 위의 진술 '경상도 사람은 다혈질이다.' 는 믿음 또는 대전제로 간주할 수 있는 반면, 가치 '다혈질은 나쁘다.' 는 소전제로 볼 수 있다. 그리고 이 두 전제의 결론으로 '경상도 사람은 나쁘다.' 라는 태도가 생기는 것이다.

존스와 제럴드의 삼단논법이론이든 세 요소 태도이론이

대전제: '경상도 사람은 다혈질이다.' (믿음)

⬇

소전제: '다혈질은 나쁘다.' (가치)

⬇

결 론: '경상도 사람은 나쁘다.' (태도)

존스와 제럴드의 삼단논법식 태도 형성

든 모든 태도이론은 태도가 좋다 또는 나쁘다의 평가를 수반한다고 본다. 그런데 내가 이 책에서 말하는 간단한 신념, 예컨대 '혈액형은 성격을 나타낸다.'라는 것은 꼭 좋다, 나쁘다를 포함하지 않는다. 이 신념은 하나의 진술 또는 대전제에 불과하지 가치와 연관시킨 것이 아니다. 따라서 이 책에서 말하는 어떤 신념이 반드시 태도는 아니다.

그렇지만 이 책에서 말하는 많은 신념은 태도다. 예컨대, 세 가지 연고주의를 토대로 형성된 집단 신념은 모두 태도다. 영호남인에 대한 편견과 지역감정은 대표적인 태도다. 그럼에도 내가 이 책의 제목을 '태도'라고 이름 붙이지 않은 몇 가지 이유가 있다. 우선 인생관, 가치관, 직업관, 결혼관 등은 태도라고 말하기보다는 가치관에 가깝기 때문이다. 나는 이런 신념은 태도라기보다는 신조라고 불리는 것이 적당하다고 본다. 그 이유는 이 신조라는 말 속에는 태도와 마찬가지로 어떤 신념을 굳게 믿고 그에 따라 행동하는 성향이 포함되어 있기 때문이다. 그러나 단순한 신념, 예컨대 '혈액형은 성격을 나타낸다.'는 신조로 볼 수 있을 것 같지 않다. 그래서 이 책의 제목을 '신조'라고 말하기도 어렵다.

결론적으로 말한다면, 이 책에서 말하는 신념 중 포괄적이고 그 개념의 수준과 깊이가 깊고 넓은 것은 로키치가 말하는 가치관이다. 반대로 신념 중 단순하고 덜 광범위한 것이나 한 사실을 토대로 한 것, 예컨대 '혈액형은 성격과 관계가 있다.'는 존스와 제럴드가 말한 진술 또는 대전제에 비견된다. 그러나 이 책의 대부분의 신념은 사회심리학에서 말하는 '태도' 개념에 속한다.

이 책에서 여러 가지 문제를 각기 대전제, 가치관, 태도라는 명칭으로 분류하지 않은 까닭은 '신념'이라는 큰 주제하에 대전제, 태도, 가치관에 속하는 문제들을 모두 다룰 수 있다는 생각이 들었기 때문이다. 그리고 그 문제들이 신념이라는 다소 애매하지만 일반인에게 친근한 말로 표현될 수 있다는 판단을 했기 때문이다. 독자들에게 개념상의 혼란을 초래하게 한 것을 죄송하게 생각한다.

미주

1) 박동운(2005). 대처리즘: 자유시장경제의 위대한 승리. 서울: FKI 미디어.

2) 박동운(2005). 대처리즘: 자유시장경제의 위대한 승리. 서울: FKI 미디어.

3) 박동운(2005). 대처리즘: 자유시장경제의 위대한 승리. 서울: FKI 미디어.

4) Bandura, A. (2001). *Self-Efficacy: The Exercise of Control.* 박영신, 김의철 역. 자기효능감과 삶의 질. 서울: 교육과학사.

5) 이훈구(2006). 당신의 행복을 설계해 드립니다. 서울: 법문사.

6) 이훈구(2001). 미안하다고 말하기가 그렇게 어려웠나요. 서울: 이야기.

7) Greenblatt, J. (2006). *The Little Book That Beats The Market.* 안진환 역. 주식시장을 이기는 작은책. 서울: 시공사.

8) 이훈구(2006). 당신의 행복을 설계해 드립니다. 서울: 법문사.

9) Csickszentmihalyi, M. (1990). *Flow: The psychology of experience.* New York: Harper & Row.

10) Jones, E. E., & Gerald, H. B. (1967). *Foundation of Social Psychology.* New York: John Wiley & Sons, INC.

11) Rhee, E., Uleman, J. S., & Lee, Hoonkoo (1996). Variations in Collectivism & Individualism by Ingroup and Culture: Confirmatory Factor Analysis. *Journal of Personality & Social Psychology, 71*(5), 1037-1064.

12) 이훈구(2003). 연고주의. 서울: 법문사.

13) 한국심리학회(1988). 심리학에서 본 지역감정. 서울: 성원사.

14) 고홍화(1990). 한국인의 지역감정. 서울: 성원사.

15) 송 복(1989). 지역갈등의 역사적 설명. 한국의 지역주의와 지역갈등 (pp. 12-26). 서울: 성원사.

16) 김혜숙(1988). 지역 간 고정관념과 편견의 실상-세대 간 전이는 존재하는가? 심리학에서 본 지역감정(pp. 123-170). 서울: 성원사.

17) Aronson, E., & Mills, J. (1959). The effect of severity of initiation liking for a group. *J. abnorm. soc. psychol.*, 59, 177-181.

18) Slater, L. (2005). *Opening Skinner's Box.* 조증열 역. 스키너의 심리상자 열기. 서울: 에코의 서재.

19) 이훈구, 박미자 외(2005). 심리학이란 어떤 학문인가(제1장). 인간 행동의 이해. 서울: 법문사.

20) 이훈구, 박미자(1985). 인간에 대한 이해.

21) 이훈구(2003). 연고주의. 서울: 법문사.

22) 이훈구(2003). 연고주의. 서울: 법문사.

23) 홍경자, 김선남 역(1995). 화가 날 때 읽는 책. Ellis, A. 저. 서울: 학지사

24) 이훈구(2005). 심리학자가 들여다본 인간시장. 서울: 법문사.

25) Jones, E. E., & Gerald, H. B. (1967). *Foundation of Social Psychology.* New York: John Wiley & Sons, INC.

26) Rokeach, M. (1968). *Beliefs, Attitudes, and Values.* San Francisco: Jossey Bass.

27) Jones, E. E., & Gerald, H. B. (1967). *Foundation of Social Psychology.* New York: John Wiley & Sons, INC.

28) Jones, E. E., & Gerald, H. B. (1967). *Foundation of Social Psychology.* New York: John Wiley & Sons, INC.

●●● 찾아보기

■ 인명 ▨▨▨

■ 내용 ▨ ▨ ▨

저자 소개 　이훈구

서울 출생
서울대학교 심리학과 및 동 대학원 졸업
하와이 주립대학교 대학원 졸업(심리학 박사)
뉴욕대학교, 괴테대학교, 베를린대학교 교환교수

전 연세대학교 심리학과 교수
　　한국심리학회 회장
　　법심리학회 회장
현 바른 사회시민회의 복지사회운동본부장

저서
미안하다고 말하기가 그렇게 어려웠나요(이야기, 2001)
심리학자 이훈구 교수의 교실이야기 1, 2(법문사, 2001)
사회심리학(법문사, 2002)
가난의 대물림을 어떻게 예방할 것인가(법문사, 2005)
대학이 변하고 있다(법문사, 2005)
이훈구 교수의 심리학 이야기(법문사, 2005)
정서심리학(법문사, 2005)
당신의 행복을 설계해 드립니다(법문사, 2006)
자서전적 심리학(법문사, 2006)

신념의 심리학

2007년 9월 15일 1판 1쇄 인쇄
2007년 9월 20일 1판 1쇄 발행

지은이 • 이훈구
펴낸이 • 김진환

펴낸곳 • **학지사**

121-837 서울특별시 마포구 서교동 352-29 마인드월드빌딩 5층
대표전화 • 02)326-1500 / 팩스 02)324-2345
홈페이지 • http://www.hakjisa.co.kr
등   록 • 1992년 2월 19일 제2-1329호
ISBN 978-89-5891-521-8 03180

정가 9,000원